JN108080

先端IT人材の確保が
ビジネス成長のカギを握る

AI人材の育て方

孝忠大輔

SE
SHOEISHA

はじめに

　近年、さまざまな領域で本格的に人工知能（AI）の導入が進んでいます。2000年代から始まった第三次AIブームにおいてAIの適用範囲が大幅に拡大し、日常生活の中でAIが実装されたサービスを使う機会も多くなってきました。今後の社会は**Society 5.0**（超スマート社会）と呼ばれ、AIやビッグデータの活用によって新たな価値がもたらされる社会へと変わっていきます。そのような状況の中、AI活用に関わる人材への期待が高まっており、各メディアで「**AI人材**」という言葉を目にする機会が増えてきました。

　新たな社会の実現を目指してAI人材が注目を集める中、その絶対数は依然として不足しており、産業界では優秀な人材の争奪戦が始まっています。各企業では、AI活用の素養を持った新入社員の初任給を見直したり、中途採用者に高い年俸を提示したりして、AI人材の確保に力を入れています。

　欧米や中国と比べ、日本はAIへの取り組みが遅れたこともあり、AI活用に関わる人材が育っておらず、国際社会での産業競争力を失いつつあります。政府は2025年までに、すべての学生に「数理・データサイエンス・AI」に関する教育を実施することを『AI戦略 2019』の中で発表しましたが、そこで教育を受けた学生が社会に出て活躍するまでには、もう少し時間が必要になりそうです。

　今後のデジタル化社会を見据えると、AI人材が果たす役割はさらに拡大していくと考えられます。企業におけるAI人材の数が、企業の成長性を決める時代に突入しています。一方で、AI人材の育成には、非常に時間もコストもかかります。自社内のAI人材の数を増やしていくためには、計画的な育成を進める必要があります。

　筆者は、一般社団法人データサイエンティスト協会のスキル定義委員として、「**データサイエンティストスキルチェックリスト**」や、「**ITSS＋データサイエンス領域タスクリスト**」の定義を行ってきました。また、政府が掲げる『AI戦略 2019』を実行するための特別委員会の委員として、すべての大学生が学ぶ**数理・データサイエンス・AIモデルカリキュラム**の作成や、内閣府が進める**数理・データサイエンス・AI教育プログラム認定制度**の検討に携わっています。

　本書では、**AI人材の定義から始め、AIプロジェクトにおけるAI人材の役割およびAI人材に求められるスキル**について解説します。また、AI人材を育成する

ための**研修プログラム、模擬演習プログラム、実践プログラム**を紹介し、AIの人材タイプ別に**目指すべき人物像、育成手順、レベルごとの到達目標**について解説します。

　これからAI人材育成に取り組む方の参考になるように、企業におけるAIの人材育成を**黎明期、発展期、成熟期**の三段階に分け、それぞれの段階で実施すべき**人材管理施策、人材育成施策、情報共有施策**について解説します。また、政府のAI戦略に基づき大学生がどのような数理・データサイエンス・AI教育を受けているのかを知るために、大学における**リテラシー教育および応用基礎教育**について紹介します。

　本書を通して、数多くのAI人材が輩出され、さまざまな領域で活躍することを期待します。

本書内容に関するお問い合わせについて

このたびは翔泳社の書籍をお買い上げいただき、誠にありがとうございます。弊社では、読者の皆様からのお問い合わせに適切に対応させていただくため、以下のガイドラインへのご協力をお願い致しております。下記項目をお読みいただき、手順に従ってお問い合わせください。

●ご質問される前に

弊社Webサイトの「正誤表」をご参照ください。これまでに判明した正誤や追加情報を掲載しています。

正誤表　https://www.shoeisha.co.jp/book/errata/

●ご質問方法

弊社Webサイトの「刊行物Q&A」をご利用ください。

刊行物Q&A　https://www.shoeisha.co.jp/book/qa/

インターネットをご利用でない場合は、FAXまたは郵便にて、下記"翔泳社 愛読者サービスセンター"までお問い合わせください。
電話でのご質問は、お受けしておりません。

●回答について

回答は、ご質問いただいた手段によってご返事申し上げます。ご質問の内容によっては、回答に数日ないしはそれ以上の期間を要する場合があります。

●ご質問に際してのご注意

本書の対象を越えるもの、記述個所を特定されないもの、また読者固有の環境に起因するご質問等にはお答えできませんので、予めご了承ください。

●郵便物送付先およびFAX番号

送付先住所　〒160-0006　東京都新宿区舟町5
FAX番号　　03-5362-3818
宛先　　　　（株）翔泳社 愛読者サービスセンター

第3章 AI人材に求められるスキル

第4章　AI人材の育成施策

第5章　AI人材の育成

第6章　企業におけるAI人材育成

第7章 大学におけるAI人材育成

会員特典データのご案内

本書の読者特典として、「AI 活用におけるタスク×スキル×人材タイプシート」および「AI 人材到達レベル確認リスト」をご提供致します。会員特典データは、以下のサイトからダウンロードして入手いただけます。

https://www.shoeisha.co.jp/book/present/9784798165325

● AI 活用におけるタスク×スキル×人材タイプ

第 2 章および第 3 章で説明した「AI 活用のためのプロセス(タスク)」、「AI 人材に求められる力(スキル)」、「AI 活用に関わる人材(人材タイプ)」を 1 つの表にまとめたスプレッドシートを提供しています。ご自身が担当する AI プロジェクトに合わせて加筆・修正を行い、プロジェクトメンバーとの役割分担や実施タスクの意識合わせなどに活用ください。

● AI 人材到達レベル確認リスト

第 5 章で解説した各 AI 人材の到達レベルを確認するための確認リストを提供しています。ご自身や部下の方の到達レベルを確認するためのチェックシートとして活用ください。

● AI 人材到達到達レベル確認リストの使い方

① タスクごとに、到達目標を達成しているかどうかセルフチェックを実施する
　※必要に応じて「備考欄」に達成状況を証明するエビデンス(プロジェクト名など)を記載
② 確認者(OJT のメンターや上司など)がシート内容を確認し、該当レベルに到達できているか客観的に判断する
③ 確認者が該当レベルの到達目標を満たしていると判断すれば、レベル認定を行う(到達レベルを満たしていないと判断した場合は、記入者に不足箇所を指摘する)
④ 次のレベルの到達目標を確認し育成プランを検討する

第 **1** 章

AI人材を
取り巻く現状

第1章では、AI人材を取り巻く現状について解説します。1-1では、政府が目指すAI戦略について解説します。続く1-2では、企業におけるAI人材の獲得・育成トレンドや育成プログラム、検定制度について解説します。最後に1-3では、2020年から始まった大学における数理・データサイエンス・AI教育について解説します。本章を読むことによって、現在のAI人材を取り巻く状況を理解することができます。

▶ 第1章の構成

1-1

政府のAI戦略

1-2

企業における
AI人材を取り巻く現状

1-3

大学における
AI人材を取り巻く現状

1-1　政府のAI戦略

　AIに関する技術が進歩し、世界中でAIの活用が進む中、日本は欧米や中国と比較するとAIへの取り組みが遅れています。アメリカではAIを応用するための統計やデータサイエンスに関する学位を取得できる大学・大学院が多数存在しています。また、中国では2018年から高校で深層学習などを教えるAI教育を開始しています。対して日本では、2017年になってようやく滋賀大学に日本初のデータサイエンス学部が設置されました。

　このように、日本ではAI活用に関わる人材の育成が遅れており、AI領域における国際社会での産業競争力を失いつつあります。日本政府は、このような事態に対応するために『**AI戦略 2019**』を策定し、すべての学生に「数理・データサイエンス・AI」に関する教育や、多くの社会人に生涯にわたる学習を重要視する「リカレント教育」を実施することを発表しました。この戦略の中では、人材の育成が最も重要な施策として位置付けられており、本戦略に沿ってAI人材育成への取り組みが始まっています。

1-1-1／数理・データサイエンス・AI 教育の展開

　統合イノベーション戦略推進会議で2019年6月に決定した『AI戦略 2019 〜人・産業・地域・政府全てにAI〜』では4つの目標が設定されており、「**AI時代に対応した人材育成**」が、最も重要な戦略目標として掲げられています。具体的には、「我が国が、人口比ベースで、世界で最もAI時代に対応した人材の育成を行い、世界から人材を呼び込む国となること。さらに、それを持続的に実現するための仕組みが構築されること」を目標としています。

　『AI戦略 2019』の中では教育改革に向けた主な取り組みとして、リテラシー教育、応用基礎教育、エキスパート教育が示されています。これらの教育を通して、デジタル社会の基礎知識（いわゆる「読み・書き・そろばん」的な素養）である「**数理・データサイエンス・AI**」に関する力をすべての国民が育み、社会のあらゆる分野で活躍することを目指しています。

　「**リテラシー教育**」は、データサイエンス・AIの基礎となる理数に関する素養

や情報知識を習得することを目標に、すべての小中高生および大学・高専卒業者が育成対象となります。「**応用基礎教育**」は、データサイエンス・AIを理解し、各専門分野で応用できる人材を育成することを目標に、高校生の一部および大学・高専生の半数である年間約25万人が育成対象となります。「**エキスパート教育**」では、データサイエンス・AIを駆使してイノベーションを創出し、世界で活躍できるレベルの人材を輩出することを目標に、年間約2,000人のエキスパート人材（そのうちトップクラスを年間約100人）を育成します。

この『AI戦略 2019』に基づき、国民が「数理・データサイエンス・AI」について学ぶための取り組みが少しずつ始まっています。小学校では、2020年度から「**プログラミング教育**」が必須化され、高校では2022年度から「**情報Ⅰ**」が必修科目となります。また一部の大学・高専では、文系理系を問わない全学部向け教育として「数理・データサイエンス・AI リテラシー教育」の展開が始まっています。

▶ 教育改革に向けた主な取り組み

教育改革に向けた主な取り組み

デジタル社会の「**読み・書き・そろばん**」である「**数理・データサイエンス・AI**」の基礎などの必要な力を**すべての国民**が育み、あらゆる分野で人材が活躍

	主な取り組み	育成目標【2025年】
エキスパート	**先鋭的な人材を発掘・伸ばす環境整備** ➤ 若手の自由な研究と海外挑戦の機会を拡充 ➤ 実課題をAIで発見・解決する学習中心の**課題解決型AI人材の育成**	トップクラス育成 **100人程度／年** **2,000人／年**
応用基礎	**AI応用力の習得** ➤ AI×専門分野のダブルメジャーの促進 ➤ AIで地域課題などの解決ができる人材育成（産学連携）	**25万人／年** （高校の一部、高専・大学の**50%**）
リテラシー	**認定制度・資格の活用** ➤ 大学などの**優れた教育プログラムを政府が認定**する制度構築 ➤ 国家試験（ITパスポート）の見直し、高校などでの活用促進	
リテラシー	**学習内容の強化** ➤ 大学の標準カリキュラムの開発と展開（MOOC※の活用など） ➤ 高校におけるAIの基となる実習授業の充実	**50万人／年** （大学・高専卒業者**全員**）
リテラシー	**小中高校における教育環境の整備** ➤ 多様な**ICT人材の登用**（高校は1校に1人以上、小中校は4校に1人以上） ➤ 生徒一人一人が端末を持つICT環境整備	**100万人／年** （高校卒業者**全員**） （小中学生**全員**）

※Massive Open Online Course：大規模公開オンライン講座

出典：内閣府『AI戦略 2019～人・産業・地域・政府全てに AI～』をもとに作成
https://www.maff.go.jp/j/kanbo/tizai/brand/attach/pdf/ai-15.pdf

1-1-2／人間中心のAI社会原則

統合イノベーション戦略推進会議で2019年3月に決定した「**人間中心のAI社会原則**」の中でも、社会全体で取り組むべき施策としてAI人材育成が取り上げられています。「人間中心のAI社会原則」とは、「AIが社会に受け入れられ適正に利用されるために留意すべき7つの原則」を定めたものです。その中の「**教育・リテラシーの原則**」では、幼児教育や初等中等教育だけではなく、社会人や高齢者に対しても学び直しの機会を提供し、誰でも数理・データサイエンス・AIの素養を身につけられる教育システムを、行政や学校、民間企業が協力しながら構築することが必要だと提言しています。

今後、AIが浸透していった社会においては、AIに関するリテラシーの有無によって格差や弱者を生み出してしまう可能性があります。そのような格差を生み出さないためにも、AIリテラシーを育む教育環境を、すべての人に対して平等に提供できる社会を構築することが重要になります。『AI戦略 2019』でも示されている通り、リテラシー教育に関しては社会全体で幅広く実施していくことが求められます。

▶ 人間中心のAI社会原則

基本理念
・ 人間の尊厳が尊重される社会（Dignity） ・ 多様な背景を持つ人々が多様な幸せを 　追求できる社会（Diversity & Inclusion） ・ 持続性ある社会（Sustainability）
人間中心のAI社会原則
（1）人間中心の原則 （2）教育・リテラシーの原則 （3）プライバシー確保の原則 （4）セキュリティ確保の原則 （5）公正競争確保の原則 （6）公平性、説明責任及び透明性の原則 （7）イノベーションの原則

出典：統合イノベーション戦略推進会議決定「人間中心の AI 社会原則」
https://www.cas.go.jp/jp/seisaku/jinkouchinou/pdf/aigensoku.pdf

1-2 企業におけるAI人材を取り巻く現状

　AIの活用領域が広がる中、企業ではAI人材育成に関する取り組みが進められています。AI活用に関わる人材が注目を集める一方、その絶対数は依然として不足しています。そのため産業界では、AIに関する素養を持った新入社員の初任給を見直したり、中途採用者に高い年俸を提示したりして、限られたAI人材を確保するための取り組みを進めています。

　しかし、社外から獲得できるAI人材の数には限りがあるため、既存社員の再教育に力を入れる企業が増えてきました。既存社員であれば、すでに自社の事業ドメインに精通しているため、AIに関するスキル／知識を学ぶことによって、即戦力として活躍することが期待できます。多くの企業では、社外からの人材獲得と社内育成の両方を実施し、AI人材の確保を進めています。

1-2-1 ／ AI人材の獲得・育成

　AI人材の確保に取り組む企業が増える中、ダイキン工業やパナソニック、NECなど中長期的なAI人材の育成目標を社外に発表する企業も出てきました。AI事業を専門にする会社の中には、数年かけて1,000名規模のAI人材を育成すると発表している企業もあります。

　ここまで大規模な育成を目標とする企業はまだ少ないですが、多くの企業では数十名から数百名のAI人材を育成することを目標として掲げています。さまざまな企業がAI人材の確保に取り組んでいるため、社外から即戦力となる人材を獲得することが、さらに難しい状況になっています。

AI人材の獲得

　企業間でのAI人材の争奪戦が進む中、人事制度を改定し、給与体系の見直しを行う企業も増えてきました。日本でも、新卒のAI人材に1,000万円クラスの給与を提示する企業や、トップクラスのAI人材には役員クラスの年俸を提示する企業も出始めています。転職市場ではAI人材の求人／求職が賑わいを見せており、中途採用でAI人材の獲得に動く企業も増えてきました。

そんな中、一部では採用でのミスマッチも起きつつあります。AI人材が担当する活動領域は幅広く、企業ごとに必要となるスキルセットも異なります。自社の望むAI人材を見つけるためには、**どのようなAI人材を希望するのか明確にした上で求人を行う必要があります**。このことを明確にせずに採用活動を行ってしまうと、働き始めてからズレが発覚し、求人側／求職側の双方にとって不幸な結果となってしまいます。

　また、採用でのミスマッチを防ぐためには、**面接する側にもAIに関する基礎知識が不可欠です**。新卒／中途の採用において、応募者のスキルを正しく把握するためには、面接する側がしっかりとAIの最新動向を理解しておく必要があります。AI人材の獲得は一筋縄ではいかないため、ある程度腰を据えて採用活動に取り組むことが求められます。

AI人材の育成

　AI人材の獲得と並行して、既存社員の再教育に取り組む企業も増えてきました。既存社員の中から育成対象者を選定し、育成プログラムを活用しながらAI人材の育成を行っています。多くの企業では、数名の即戦力になる人材の育成から始め、徐々に育成の対象範囲を拡大しています。ただし、全社的な取り組みとしてAI人材の育成を行っている企業はまだ少なく、ほとんどの企業では、AIに関する専門組織やデジタルトランスフォーメーション推進組織などが、組織内の活動としてAI人材の育成に取り組んでいます。

　AI人材の育成には、多くの時間が必要になります。大学などでAIを学んできた社員を除き、多くの社員にとっては、AIは初めて学ぶ新しい領域です。AIに関する知識について一から学ぶことになるため、自律的に活動できるレベルに到達するには、ある程度の時間が必要となります。また、既存業務の合間を縫いながらスキル習得を行うため、**事前にしっかりとした計画を立て、組織的にバックアップしながら育成を行う必要があります**。

1-2-2 ／ AI人材の育成プログラム

　AI人材の育成に取り組む企業や、AI人材を目指す社会人が増えてきたため、AI人材の育成プログラムを提供する企業が次々と登場しています。インターネットで検索すると、老舗の教育会社から、AI教育を専門とするベンチャー企業が

提供するものまで、さまざまなAI人材育成プログラムを見つけることができます。それぞれのプログラムは、対象領域、教育期間、適用技術などが異なっているため、いくつか比較しながら、自分に最適なプログラムを見つける必要があります。昨今、AI人材育成への注目が集まっていることもあり、かなり多くの育成プログラムが市場に投入されています。受講者にとっては選択肢が増えるというメリットもありますが、自分自身に合った育成プログラムを見つけるだけで一苦労という状況です。

第四次産業革命スキル習得講座認定制度

　そんな中、経済産業省では、経済産業大臣がIT・データ分野を中心とした専門的・実践的な教育訓練講座を認定する**「第四次産業革命スキル習得講座（通称、Reスキル講座）認定制度」**を設けています。2021年5月現在、Reスキル講座として106講座が認定されており、大部分はAI、データサイエンスに関する講座です。Reスキル講座は、独力で業務上の課題の発見と解決をリードできるITスキル標準レベル4相当の教育訓練を目指しており、実習や演習がカリキュラムの半分以上を占めていないと認定されません。

　Reスキル講座に認定された講座は、単なる座学だけではなく、グループワークやマシン演習が多く含まれているため、AI人材を目指す人にとって実践的で有用なプログラムです。経済産業省のホームページで認定講座の一覧が公開されているので、育成プログラムを選ぶ際の参考にすることができます。

教育訓練プログラム開発事業

　また厚生労働省では、キャリアアップやキャリアチェンジを目指す労働者を対象とした**「教育訓練プログラム」**の開発を進めています。厚生労働省から委託を受けた業界団体や大学で、AIやデータサイエンス、IoTに関する訓練プログラムの開発が行われています。開発が終了した教育訓練プログラムに関しては、2020年度から順次、公開されています。

1-2-3 ╱ AIに関する検定制度

　AI人材への注目が集まる中、検定制度を整備する動きも加速しています。AI活用に関わる人材が対応する領域は幅広いため、単一の試験だけでは測りきれな

い部分も多いですが、一般社団法人日本ディープラーニング協会の「**G検定／E資格**」と、一般財団法人統計質保証推進協会の「**統計検定**」が、デファクトスタンダードの試験となっています。また2021年秋からは、データサイエンティスト協会が「データサイエンティスト検定（DS検定）」の開始を予定しています。

このことから、AI人材育成を推進する企業の多くは、各検定取得を社員に推奨しています。G検定／E資格ではディープラーニングに関するスキル／知識を、統計検定では数理・統計に関するスキル／知識を、DS検定では、ビジネス力・データサイエンス力・データエンジニアリング力に関するスキル／知識を確認することができます。

日本ディープラーニング協会 「G検定／E資格」

一般社団法人日本ディープラーニング協会では、ディープラーニングに関する知識を有し事業活用する人材（ジェネラリスト）と、ディープラーニングを実装する人材（エンジニア）の育成を目指し、2つの試験を実施しています。ディープラーニングの基礎知識を有し、適切な活用方針を決定して、事業活用する能力や知識を備えているかを検定する「**G（ジェネラリスト）検定**」と、ディープラーニングの理論を理解し、適切な手法を選択して実装する能力や知識を備えているかを認定する「**E（エンジニア）資格**」です。

ディープラーニングに関する技術は日々進歩しているため、いつ取得した資格なのかがわかるように、それぞれの検定・資格に実施年号が付与されています(例:「JDLA Deep Learning for GENERAL 2020 #1」は「2020年 第1回 G検定」を示す)。ディープラーニングへの注目が集まる中、受験者数も右肩上がりで伸びている試験です。

統計質保証推進協会 「統計検定」

一般財団法人統計質保証推進協会では、統計に関する知識や活用力を評価する全国統一試験として「**統計検定**」を実施しています。統計検定では、1級、準1級、2級、3級、4級、統計調査士、専門統計調査士が準備されており、中高生から社会人まで、それぞれのレベルに応じた試験を受験することができます。また2021年からは「**データサイエンス基礎**」および「**データサイエンス発展**」、「**データサイエンスエキスパート**」の3つの試験が追加され、AIリテラシーやデータリテラシーに関するスキル／知識を確認できるようになります。

1-2-4 ／分析コンペティション

　企業におけるデータ活用が進む中、「**Kaggle（カグル）**」や「**SIGNATE（シグネイト）**」などの分析コンペティションに参加する社会人も増えてきました。それぞれのWebサイトでは、AIモデルの精度を競うコンテストが複数開催されており、アカウントを登録すれば誰でも参加できます。参加者はコンテストに参加することで、世界中のAI人材と競い合いながら自身の腕を磨きます。予測精度の高いAIモデルが開発できた場合は、賞金と引き換えに企業にAIモデルを買い取ってもらうこともできます。分析コンペティションサイトでは、過去のコンテスト課題を使った練習問題や解説が用意されており、AI人材を目指す社会人の勉強の場にもなっています。

　分析コンペティションに参加する社会人が増える中、コンテストで優秀な成績を収めた社員を評価する企業も増えてきました。AI専門会社では、コンテストで何度も上位入賞している社員が在籍していることが自社の実力の証明にもつながるため、積極的な参加を推奨しています。また、分析コンペティションへの参加を社員の業務の一部として認める企業も出始めています。

Kaggle（https://www.kaggle.com/）

　Kaggleは、世界最大規模のデータ分析者が集まるオンラインコミュニティです。さまざまな分析コンペティションが開催されており、世界中からデータ分析者が参加して腕を競っています。Kaggleで何度も上位入賞を果たすと、「Grandmaster」という最高位の称号を獲得することができます。分析コンペティションサイトが英語で記述されているため、若干の英語力が必要になります。

SIGNATE（https://signate.jp/）

　SIGNATEは、日本国内のデータサイエンティストやAIエンジニアが登録しているオンラインコミュニティです。国内の企業や官公庁からの依頼を受け、分析コンペティションを開催しています。Kaggleと異なり、分析コンペティションサイトが日本語で記述されており、日本の企業を題材とした分析テーマが多いため、初心者にとって取り組みやすい内容になっています。

　一般社団法人日本経済団体連合会（経団連）は、2019年2月にAI-Readyな社会の実現に向けた**『AI活用戦略』**を公表しています。この中では、「AI活用原則」、「AI-Ready化ガイドライン」、「AI活用戦略フレームワーク」の3つが定義されています。

　「AI-Ready化ガイドライン」では、AIの活用、展開を迅速に行うためには、企業、個人、制度といったあらゆるレイヤーのAI-Ready化が必須であると提案しています。やみくもなAIの活用では、その便益を最大限享受できないため、まずはAIを活用するための準備（AI-Ready化）を行うことが重要であると教えてくれます。AI-Readyな企業になるためには、経営・マネジメント層、専門家、従業員のそれぞれについて変革が必要としています。

▶ AI-Readyな企業になるための変革のステップ

	経営・マネジメント層	専門家	従業員	システムレベル・データ
レベル5	**AI-Powered企業として確立・影響力発揮** ● AI×データを理解するCxOが全社、業界の刷新の中心を担う ● 業界全体、他社との連携を推進	● 全技術者が領域×AI知識を持つ ● AI×データ活用の技術、研究両面の最先端の人材、経験を持つ	すべての事業・企業がAI×データ化し、業界そのものの本質的な刷新 (disruption) を仕掛けている ● 皆が理数・AI×データの素養を所持 ● 社内外の専門家と共同で活用 ● ミドル層は資本、人脈で貢献	● リアル空間も含め全てがデータ化、リアルタイム活用 ● 協調領域では、個別領域のAI機能、API提供、共通プラットフォーム化 ● 競争領域では、独自機能のAI開発、サービス化
レベル4	**AI-Ready化からAI-Powered化へ展開** ● AI×データを理解し事業活用する人材を経営層に配置 ● AI-Readyになるまで投資継続	● AI×データ活用の技術開発、研究両面で最先端テーマの取り組み開始	AI×データによって企業価値を向上。コア事業における価値を生むドライバーとしてAIを活用 ● 過半が高いAIリテラシーを所持 ● データ・倫理課題を整理・遵守 ● AI×データによる業務刷新が推進	● 業務システムと分析システムがシームレスに連携 ● 大半の業務データがリアルタイムに近い形で分析可能
レベル3	**AI-Ready化を進行** ● 経営戦略にAI活用を組み込み ● AIへの投資をコミットメント ● 幹部社員へのAI教育を実施	● 相当数のAI分析・実装要員を持つ ● 独自のAI開発・事業展開が可能	既存の業務フローのAI×データ化による自動化に目途がつく。戦略的なAI活用も開始する ● 実務へのAI活用が徹底 ● そのための手順やツールも整備 ● 社員へのAI教育を開始	● 業務フロー、事業モデルがデータ化 ● 業務系に加え分析系のデータ基盤も整備開始 ● 領域特性に応じてAI化、RPA適用などを使い分け
レベル2	**AI-Ready化の初期段階** ● AIの可能性を理解し方向性を発信 ● 具体的な戦略化は未着手 ● データ・倫理課題は未整理	● 少数がAI・データを理解 ● 外部と協力し、既存技術を適用	AI活用についてスモールスタートで経験を積む。一部の簡易業務のAI化も専門家の力を借りつつ着手開始 ● 一部のAI基礎の理解 ● AI×データ素養を持つ社員も存在 ● AI人材の採用を開始	● 一部業務でAI機能の本格適用を開始 ● 一部データが分析・活用可能な形で取得可能に ● 顧客行動、環境、リアル空間のデータ化は未着手
レベル1	**AI-Ready化着手前** ● AIへの理解がない ● AIが業界や自社の企業経営に与える影響の認識も不十分	● システムは外部委託中心 ● IT部門はIT企業とのつなぎ役	AIの方法論の議論が先行し、AI×データを活用した事業運営・刷新・創造は未着手 ● 経験、勘、属人的対応が中心 ● 課題も人員、工数をかけて対応 ● 理文分離型の採用	● レガシーシステムが肥大化 ● データの収集、取り出し、統合に年単位の時間が必要 ● データの意味や示唆の理解も不十分

出典：一般社団法人日本経済団体連合会『AI活用戦略〜AI-Readyな社会の実現に向けて〜』
http://www.keidanren.or.jp/policy/2019/013_honbun.pdf

1-3 大学における AI 人材を 取り巻く現状

『AI戦略 2019』に基づき、大学でもAI活用に関わる人材の育成が始まっています。文部科学省は、数理・データサイエンス教育強化拠点コンソーシアムを設置し、全国の大学・高専に数理・データサイエンス・AI教育の展開を進めています。また、優れた数理・データサイエンス・AI教育を実施している大学・高専を認定する制度の運用も開始され、今後はより一層、大学におけるAI人材育成が加速していくと考えられます。

1-3-1 ／ 数理・データサイエンス・AI教育

全国の700を超える大学・高専に「数理・データサイエンス・AI教育」を展開するために、文部科学省は、北海道大学、東京大学、滋賀大学、京都大学、大阪大学、九州大学の6大学を、数理およびデータサイエンスに係る教育強化の拠点校として選定し、**数理・データサイエンス教育強化拠点コンソーシアム**を設置しました。数理・データサイエンス教育強化拠点コンソーシアムでは、全国を6つのブロックに分け、拠点校が中心となって数理・データサイエンス教育の全国展開に向けた活動を行っています。

数理・データサイエンス教育強化拠点コンソーシアム

数理・データサイエンス教育強化拠点コンソーシアムでは、「カリキュラム分科会」、「教材分科会」、「教育用データベース分科会」の3つの分科会を立ち上げ、教科書の作成や教育用データの整備を進めています。全国の大学・高専に数理・データサイエンス教育を展開するためには、講義で使う教材やデータが必要不可欠です。それらを各大学・高専で個別に整備することは現実的ではないため、全国的なモデルとなるカリキュラムや教材をコンソーシアムが作成し、全国に展開することを想定しています。

- **カリキュラム分科会**：全国的なモデルとなる標準カリキュラムを協働して作成・普及に取り組む

- **教材分科会**：全国的なモデルとなる教材を協働して作成・普及に取り組む
- **教育用データベース分科会**：教育用のデータを収集し、各大学が使用できる環境を整備する

数理・データサイエンス・AI（リテラシーレベル）

　数理・データサイエンス教育強化拠点コンソーシアムは、リテラシー教育の全国展開を目指して、2020年4月に「**数理・データサイエンス・AI（リテラシーレベル）モデルカリキュラム**」を公開しました。このモデルカリキュラムは、文理を問わず、すべての大学・高専生が、初級レベルの数理・データサイエンス・AIを習得することを目的に策定されたカリキュラムです。筆者も、「**モデルカリキュラム（リテラシーレベル）の全国展開に関する特別委員会**」の委員として、本カリキュラムの策定に携わっています。

　モデルカリキュラムでは、数理・データサイエンス・AIを日常生活や仕事などの場で使いこなすことができる基礎的素養を身につけるために、「社会におけるデータ・AI利活用」、「データリテラシー」、「データ・AI利活用における留意事項」に関するスキルセットを定義しています。今後、本カリキュラムで学んだ学生が社会人として活躍し始めることを考えると、世代間格差を生じさせないために、既存の社会人も本カリキュラムの内容を学んでおくことが望まれます。

　全国の大学・高専では、このモデルカリキュラムを参考に、全学部を対象としたリテラシー教育の展開が始まっています。『AI戦略 2019』では、2025年までに年間50万人の大学・高専生が、このリテラシー教育を学ぶことを目標にしています。

数理・データサイエンス・AI（応用基礎レベル）

　また、数理・データサイエンス教育強化拠点コンソーシアムは、応用基礎教育の全国展開を目指して、2021年3月に「**数理・データサイエンス・AI（応用基礎レベル）モデルカリキュラム**」を公開しました。応用基礎レベルでは、自らの専門分野に対して、数理・データサイエンス・AIを応用するための基礎力を習得することを目指しています。引き続き、筆者も「モデルカリキュラム（応用基礎レベル）の全国展開に関する特別委員会」の委員として、本カリキュラムの策定に携わっています。『AI戦略 2019』では、2025年までに年間25万人の大学・高専生が、この応用基礎教育を学ぶことを目標にしています。

1-3-2／数理・データサイエンス・AI教育プログラム認定制度

　大学の数理・データサイエンス・AI教育を取り巻く動きとして、2021年3月から「**数理・データサイエンス・AI教育プログラム認定制度（リテラシーレベル）**」の運用が開始されました。内閣府・文部科学省・経済産業省の3府省が連携し、「**MDASH**（Approved Program for **M**athematics, **D**ata science and **AI** **S**mart **H**igher Education）」という名称で認定を行います。優れた数理・データサイエンス・AI教育を実施する大学・高専を認定し、認定された教育プログラムが広く発信・共有されることで、他大学・高専の取り組みが加速することを期待しています。

　認定制度では、「**認定教育プログラム**」と「**認定教育プログラム＋（プラス）**」の二段階の認定が用意されており、数理・DS（データサイエンス）・AIプログラムを実施している大学・高専の中から、認定教育プログラムの認定要件を満たした教育プログラムを認定します。他の大学・高専の模範となるような教育プログラムに関しては、「**認定教育プログラム＋（プラス）**」の認定を受けることができます。筆者も2020年度から、「**数理・データサイエンス・AI教育プログラム認定制度検討会議**」の構成員として、認定制度の検討に携わっています。2021年度には、応用基礎レベルの認定も開始される予定です。

▶ 認定教育プログラムの普及拡大のイメージ

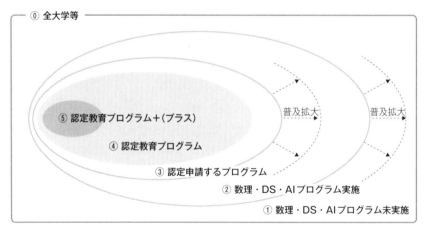

出典：数理・データサイエンス・AI教育プログラム認定制度検討会議『数理・データサイエンス・AI 教育プログラム認定制度（リテラシーレベル）』の創設について（案）」

第 1 章 ＜まとめ＞

　この章で見てきたように、「数理・データサイエンス・AI」に関する知識や技能を持つ人材の育成が急速に進んでいます。数理・データサイエンス・AI 教育が浸透することによって、今後、基礎的な AI リテラシーを身につけた人材は増えていくと想定されます。

政府の AI 戦略

- 『AI 戦略 2019』では、デジタル社会の基礎知識である「数理・データサイエンス・AI」に関する力をすべての国民が育み、社会のあらゆる分野で人材が活躍することを目指している
- 2025 年までに、すべての大学・高専卒業者（50 万人／年）が数理・データサイエンス・AI に関する教育を学ぶことが目標として掲げられている
- 2025 年までに、データサイエンス・AI を駆使してイノベーションを創出し、世界で活躍できるエキスパートレベルの人材を年間 2,000 人輩出することを目標として掲げている

AI 人材を取り巻く現状＜企業＞

- 産業界で活躍する AI 人材の数はまだ少なく、企業間で AI 人材の争奪戦が行われている
- 限られた AI 人材を確保するために、企業は AI 人材の獲得と育成の両方に取り組んでいる
- AI 人材への注目が集まる中、AI 人材の育成プログラムや検定制度が整備されつつある

AI 人材を取り巻く現状＜大学＞

- 文部科学省は、数理およびデータサイエンスに係る教育強化の拠点校を選出し、数理・データサイエンス教育強化拠点コンソーシアムを設置している

- 数理・データサイエンス教育強化拠点コンソーシアムでは、モデルカリキュラムや教材、教育用データを整備し、数理・データサイエンス教育の全国展開に向けた活動を実施している
- 優れた数理・データサイエンス・AI教育を実施する大学・高専を認定する「数理・データサイエンス・AI教育プログラム認定制度」の運用が開始されている

第 2 章

AI人材と
活用プロセス

第2章では、AI人材のタイプとAI活用のプロセスについて解説します。現状、AI人材に関する明確な定義はなく、書籍や論文によってさまざまな人材像が定義されています。2-1では、他の文献とも整合性をとった形で、6種類の人材タイプを定義し、それぞれの人材タイプの役割について解説します。

　次に、2-2からはAIを活用するためのプロセスについて解説します。AIを活用するためには4つのフェーズに取り組む必要があります。2-2から2-5では、それぞれのフェーズにおけるタスクを紹介しながら、AIの活用を実現するためのプロセスについて確認します。

　最後に2-6では、AIプロジェクトにおいて、それぞれの人材タイプが、どのタスクを担当するのか解説します。

　本章を読むことによって、AI人材タイプとAI活用におけるプロセスを紐づけて理解することができます。

▶ 第2章の構成

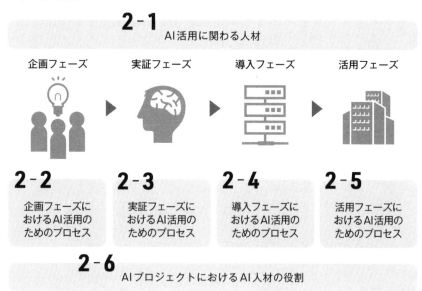

2-1 AI活用に関わる人材

AI活用に関わる6種類の人材

　まず、AI活用に関わる人材について確認しましょう。AIをビジネスや業務で活用するためには、さまざまなタスクを遂行する必要があります。これらのタスクをすべて一人でこなすことは現実的ではないため、異なる専門性を持ったメンバーが役割分担しながら対応します。

　一般的なAIプロジェクトでは、プロジェクトをマネジメントする人材や、AI技術に詳しい人材、AIシステムに詳しい人材など、さまざまな役割を持った人材が登場します。そこで本書では、AI活用に関わる人材を細分化し、**6種類の人材**（人材タイプ）として整理しています。それぞれの人材の役割について見ていきましょう。

▶ AI活用に関わる6種類の人材

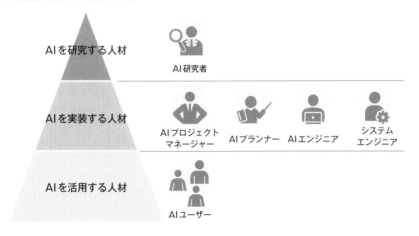

- AI研究者：AIアルゴリズムの研究／開発を行う
- AIプロジェクトマネージャー：AIプロジェクトのマネジメントを行う
- AIプランナー：AIを活用したビジネスを企画し、業務をデザインする
- AIエンジニア：AIモデルを設計／開発し、システムに実装する
- システムエンジニア：AIを活用するためのシステムを開発／運用する
- AIユーザー：AIを業務に利活用する（業務担当者やエンドユーザー）

2-1-1 ／ AIを研究する人材

AI研究者

AI研究者は、AIアルゴリズムを研究／開発する人材です。最先端のAIアルゴリズムを研究し、学術論文として発表します。多くのAI研究者は、大学や企業の研究機関に所属しており、日々最新の研究論文に目を通し、新しいAIアルゴリズムを開発します。所属する組織の事業ドメインや技術分野ごとに、研究対象とする専門領域が細分化されていることが一般的です。

AI活用に関わる6種類の人材のうち、AI研究者に関しては、大学の博士課程を通じて知識を習得し、研究機関などで研鑽を積む必要があります。残りの5種類の人材とは育成方法が大きく異なるため、本書では「AI研究者」を除いた5種類の人材について、詳細な育成方法を解説します（本書で「AI人材」といった場合は、特に注釈がない限り、AI研究者を除いた5種類の人材を指します）。

2-1-2 ／ AIを実装する人材

AIプロジェクトマネージャー

AIプロジェクトマネージャーは、その名の通りAIプロジェクトをマネジメントする人材です。AIプロジェクトの責任者として、タイムマネジメント、リソースマネジメント、リスクマネジメント、品質マネジメントを実施します。AIプロジェクトマネージャーは、AI活用を成功に導くために、一貫してプロジェクトに関わることが求められます。そのため、AIの企画から導入・活用まで、さまざまな知識を幅広く身につけておく必要があります。このことから、AIプロジェクトマネージャーは、**ジェネラリスト型**のAI人材と考えることができます。

AIプランナー

AIプランナーは、AIを活用したビジネスを企画し、業務をデザインする人材です。対象とするビジネス領域のドメイン知識と、AIに関する知識をかけ合わせて、AIを活用した業務や事業を企画します。AIプランナーは、AI活用の企画を立てた当事者として、AIを現場に浸透させる役割も担います。AIプランナーは、企画力とドメイン知識を武器とする、**スペシャリスト型**のAI人材と考えることができます。

AIエンジニア

　AIエンジニアは、AIモデルを設計／開発し、システムに実装する人材です。課題解決のための分析プロセスを設計し、さまざまなデータ解析手法を組み合わせてAIモデルを開発します。そして、開発したAIモデルをシステムに実装し、業務担当者やエンドユーザーがAIを活用できるようにします。またAIエンジニアは、単にAIモデルを開発し実装するだけではなく、AIシステムにおけるアーキテクトの役割も担います。AIシステムの開発で扱う並列処理や分散処理など、AIに特化した技術に関しては通常のシステムエンジニアでは対応が難しいため、AIエンジニアが中心となってAIシステムを設計します。このことから、AIエンジニアは、データ解析とAI技術を武器とする**スペシャリスト型**のAI人材と考えることができます。

システムエンジニア

　システムエンジニアは、AIを活用するためのシステムを開発／運用する人材です。AIシステムの開発では、対象となる業務領域のドメイン知識が欠かせません。そのため、AIを実装する業務システムがすでに存在している場合は、以前からその業務システムを担当していたシステムエンジニアがAIプロジェクトにアサインされます。このことから、システムエンジニアは、担当業務領域に関するドメイン知識と、システム開発力を武器とする**スペシャリスト型**のAI人材と考えることができます。

　また、システムエンジニアは、AIエンジニアが実施するAIモデルの開発も支援します。AIモデルは、複数のシステムからデータを集めて開発されるため、各システムへのアクセス方法に詳しいシステムエンジニアがデータ収集を支援します。

2-1-3 ／ AIを活用する人材

AIユーザー

　AIユーザーは、業務担当者やエンドユーザーなど、AIを業務に利活用する人材です。AIが実装されたシステムを使って、AIを活用した業務を遂行します。AIユーザーは、AIを改善するための情報をフィードバックする役割も担っています。AIユーザーが業務の中で修正した内容や、間違っていると判断した内容をAIへフィードバックすることによって、AIの精度向上につなげます。

　経済産業省『IT人材需要に関する調査』では、AI人材を4種類に分けて整理しています。この中では、**AI研究者（AIサイエンティスト）** を、AIを実現する数理モデルについて研究を行う人材と定義しています。また**AI開発者(AIエンジニア)** を、AIモデルをソフトウェアやシステムとして実装できる人材、およびAI機能を搭載したソフトウェアやシステムを開発できる人材と定義しています。そして**AI事業企画（AIプランナー）** を、AIを活用した製品・サービスを企画し、市場に売り出すことができる人材と定義しています。最後に、**AI利用者（AIユーザー）** を、AIを用いたソフトウェアやシステム、アプリケーションなどを適切に利活用できる人材と定義しています。

　本書では、経済産業省『IT人材需要に関する調査』における4種類の人材に、AIプロジェクトマネージャー、システムエンジニアを追加して、6種類の人材をAI活用に関わる人材として定義します。

▶ AIに関する研究・開発やその導入を進める上で必要となる人材

区　分	概　要	レベル	
		エキスパート	ミドル
AI研究者 (AIサイエンティスト)	＜エキスパートレベル＞ ・AIを実現する数理モデル（以下、「AIモデル」という）についての研究を行う人材 ・AIに関連する分野で学位（博士号等）を有するなど、学術的な素養を備えた上で研究に従事する ・AIに関する学術論文を執筆・発表した実績があるか、少なくとも自身の研究領域に関する学術論文に日頃から目を通しているような人材	○	－
AI開発者 (AIエンジニア)	＜エキスパートレベル＞ AIモデルやその背景となる技術的な概念を理解した上で、そのモデルをソフトウェアやシステムとして実装できる人材（博士号取得者等を含む、学術論文を理解できるレベルの人材を想定）	○	－
	＜ミドルレベル＞ 既存のAIライブラリなどを活用して、AI機能を搭載したソフトウェアやシステムを開発できる人材	－	○
AI事業企画 (AIプランナー)	＜エキスパートレベル＞ AIモデルやその背景となる技術的な概念を理解した上で、AIを活用した製品・サービスを企画し、市場に売り出すことができる人材（博士号取得者等を含む、学術論文を理解できるレベルの人材を想定）	○	－
	＜ミドルレベル＞ AIの特徴や課題等を理解した上で、AIを活用した製品・サービスを企画し、市場に売り出すことができる人材	－	○
AI利用者 (AIユーザー)	AIを用いたソフトウェアやシステム、アプリケーション等を適切に利活用できる人材		

出典：みずほ情報総研株式会社『平成30年度我が国におけるデータ駆動型社会に係る基盤整備（IT人材等育成支援のための調査分析事業）－IT人材需給に関する調査－調査報告書』
https://www.meti.go.jp/policy/it_policy/jinzai/houkokusyo.pdf

一方、『AI白書 2020』（株式会社角川アスキー総合研究所、2020 年）では、AI人材を 6 種類に分けて整理しています。①AI に理解がある経営・マネジメント層、②先端的な AI アルゴリズムの開発や学術論文を書くことができる AI 研究者、③AI を活用した製品・サービスを企画できる AI 事業企画者、④AI を活用したソフトウェアやシステムを実装できる AI 開発者、⑤AI ツールでデータ分析を行い、自社の事業に活かせる従業員、⑥現場の知見と基礎的 AI 知識を持ち、自社への AI 導入を推進できる従業員と定義しています。

本書における 6 種類の AI 活用に関わる人材との対応関係は次の通りです。

▶『AI白書 2020』と本書で定義する AI 活用に関わる人材との対応

本書で定義する人材	『AI白書 2020』における AI 人材の分類	本書で定義する人材	『AI白書 2020』における AI 人材の分類
AIプロジェクトマネージャー	①AIに理解がある経営・マネジメント層 ※本書で定義するAIプロジェクトマネージャーにはCxOなどの経営層は含んでいない	AI研究者	②先端的なAIアルゴリズムを開発したり、学術論文を書けたりするAI研究者
AIプランナー	③AIを活用した製品・サービスを企画できるAI事業企画者 ⑥現場の知見と基礎的AI知識を持ち、自社へのAI導入を推進できる従業員	AIエンジニア	④AIを活用したソフトウェアやシステムを実装できるAI開発者
システムエンジニア	―	AIユーザー	⑤AIツールでデータ分析を行い、自社の事業に活かせる従業員

出典：独立行政法人情報処理推進機構 AI白書編集委員会編集『AI白書 2020〜広がる AI 化格差（ギャップ）と 5 年先を見据えた企業戦略〜』（KADOKAWA、2020 年）

2-2 企画フェーズにおける AI活用のためのプロセス

　次に、**AI活用を実現するためのプロセス**について確認しましょう。AI人材を育成するためには、AI人材がAIプロジェクトにおいてどのような役割を担うのか理解しておく必要があります。AIを活用するためのプロセスを知ることによって、何ができるAI人材を育成すべきなのか、AI人材としてどのようなスキルを身につけるべきなのか理解することができます。

　AIを活用するためには、企画、実証、導入、活用の**4つのフェーズと32種類のタスク**に取り組む必要があります。まず**企画フェーズ**では、解決すべきビジネス課題を整理し、AIを活用した業務／事業を企画します。次に**実証フェーズ**では、「Proof of Concept（概念実証・以下、PoC）」を通して、AIによって本当に課題を解決することができるのか検証します。**導入フェーズ**では、実証フェーズで価値があることを実証されたAIを、AIシステムに組み込みます。最後に**活用フェーズ**では、導入フェーズで構築したAIシステムを使って、業務担当者やエンドユーザーが、AIを活用した業務を遂行します。

▶ AI活用を実現するための4つのフェーズと32種類のタスク

企画	実証	導入	活用
課題定義	**PoC計画**	**要件定義**	**AI業務活用**
AI企画	**PoC**	**システム設計**	・現場適用
・アプローチ設計	・データ収集	・業務システム設計	・業務遂行
・業務設計	・AIモデル検証	・連携システム設計	**モニタリング**
・分析プロセス設計	・業務検証	・分析システム設計	・活用評価
・アーキテクチャ設計	・アーキテクチャ検証	**システム開発**	・AI改善
・推進体制設計	・ビジネス価値検証	・業務システム開発	・システム改善
・ビジネス価値設計	**PoC結果報告**	・連携システム開発	**システム運用**
実現可能性判断	**AI導入判断**	・分析システム開発	
プロジェクト立ち上げ		**総合テスト**	
		サービスイン	

　AIを適用する業務領域によって異なりますが、企画から活用までは、半年から1年程度かかることが一般的です。ここからはスーパーマーケットにおけるAI活用を例にして、各フェーズの進め方を解説します。それぞれのフェーズでAI人材がどのようなタスクを実施するのか見ていきましょう。

企画フェーズの進め方

　企画フェーズでは、AIを活用した業務／事業を企画します。企画フェーズは、大きく分けると「課題定義」、「AI企画」、「実現可能性判断」、「プロジェクト立ち上げ」の4つから構成され、全部で9つのタスクがあります。

▶ 企画フェーズ：4つの構成と実施する9つのタスク

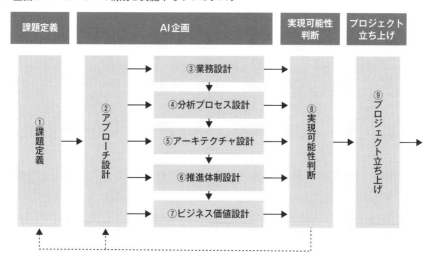

　まず、「**課題定義**」で自社を取り巻く内部環境／外部環境を整理し、現場部門へのヒアリングを通してビジネス課題を洗い出します。次に「**AI企画**」では、課題定義で洗い出したビジネス課題を、AIを活用することによって解決できないか検討します。「**実現可能性判断**」では、AI企画における検討内容を踏まえ、AIによる課題解決の実現可能性を判断します。AIによる課題解決の可能性がないと判断された場合は、再度、課題定義やAI企画の最初に戻り、検討をやり直します。課題解決の可能性があると判断された場合は、「**プロジェクト立ち上げ**」に進み、関連部門／関係者と合意した上で、AIプロジェクトを開始します。

2-2-1／課題定義

① 課題定義：まずは解決すべき課題を定義する

　AI活用を検討する際は、解決すべき**ビジネス課題**の定義から始めます。課題を定義するためには、自社の内部環境および外部環境の調査を行い、課題となっ

ている箇所を洗い出します。業務における課題は、現場部門へのヒアリングを通じて確認することができます。スーパーマーケットの場合、商品企画部門や店舗管理部門、店舗支援を担当しているスーパーバイザーなどにヒアリングを行い、課題を抽出します。商品企画部門からは、商品開発や販売促進に関する課題が、店舗管理部門からは、販売業務や発注業務に関する課題が出てきます。また、スーパーバイザーからは、売上管理や店舗指導に関する課題が出てきます。

　課題を一通り洗い出したら、その中から**検討すべき課題を絞り込みます**。現場部門にヒアリングを行うとさまざまな課題が出てきますが、すべての課題を一度に解決することはできません。優先順位をつけて、取り組むべき課題を絞り込む必要があります。優先順位は、その課題を解決することの緊急度やビジネスインパクトを基に決定します。

　今回は、各部門へのヒアリングの結果、真っ先に解決すべき課題が「在庫過多による廃棄ロスの増加」になったとして話を進めます。スーパーマーケットでは、販売期限の切れた商品や破損した商品などを廃棄していますが、昨今、食品ロス（フードロス）が社会問題となっており、廃棄ロスの削減に取り組むことが求められています。こうして取り組むべき課題が定義できたら、次のタスクであるAI企画に進み、課題解決に向けて検討を開始します。

2-2-2 ／ AI企画

　AI企画では、課題解決に向けて6つの設計を行います。最初に**アプローチ設計**を行い、その後、業務設計、分析プロセス設計、アーキテクチャ設計、推進体制設計、ビジネス価値設計の順に取り組みます。

② アプローチ設計：課題へのアプローチ方法を考える

　AI企画において最初に実施するのが**アプローチ設計**です。アプローチ設計では、課題定義で絞り込んだ課題をどのように解決していくのか検討します。今回は、「在庫過多による廃棄ロスの増加」についての解決方法を検討します。

　まず、廃棄ロスを増やさないためには、それぞれの店舗における在庫量を適切に保つ必要があります。不必要に多くの在庫を抱えてしまうと、廃棄しなければならない商品が増えてしまいます。一方で在庫量を極端に少なくしてしまうと、在庫切れによる販売機会の損失が発生します。

今回は、「商品需要予測に基づく在庫管理」によって、適切な在庫量を保つことを考えます。商品の需要予測にはAIを活用し、過去の販売実績から商品の推奨発注数を算出することで、商品の在庫切れや在庫過多を防止します。AIを活用することによって、取り組むべき課題が解決できそうだと関係者間で合意できれば、残りの5つの設計に取り掛かります。

③ 業務設計：どの業務にAIを適用するのか決める

　業務設計では、どの業務にAIを適用するかを決定し、新たな業務プロセスを検討します。今回検討するのは、「商品需要予測に基づく在庫管理」を実現するための業務プロセスです。AIを活用するためには、新たな発注プロセスを導入する必要があります。これまで実施していた売り場担当者の勘と経験に基づく発注から、需要予測結果に基づく発注に変えるためには、発注業務のやり方（プロセス）そのものを見直さなければなりません。

　AI企画ではさまざまなタスクを実施しますが、**最も丁寧に検討すべき**なのがこの業務設計です。AI企画における業務設計が不十分だと、AIプロジェクトはうまくいきません。業務設計が不十分なプロジェクトでは、AIで何ができるか検証することが目的となってしまい、本来の目的である課題解決が忘れ去られてしまいます。今回の場合は、AIを活用した新たな発注プロセスをしっかり設計しておくことが重要です。ここが忘れ去られてしまうと、AIによる商品需要予測が当たる／当たらないということに関心が集まってしまい、仮に予測精度の高い需要予測モデルが開発できたとしても、その需要予測モデルをどう発注業務に組み込めば良いのかがわからず途方に暮れてしまいます。業務設計をしっかりと実施し、どの業務にAIを適用するのか明確にしておきましょう。

④ 分析プロセス設計：どのように分析するのか決める

　業務設計の内容を踏まえ、**分析プロセス設計**を行います。ここでは、AIモデルを開発するための分析プロセスを設計します。課題解決に向けて、どのようなデータを収集し、どのアルゴリズムを用いてAIモデルを開発するのか検討します。

　今回は、「需要予測モデルの開発に向けた分析プロセス」について検討します。販売実績データや在庫データ、気象データなど、需要予測のために必要となる分析データを洗い出し、データの収集方法および収集したデータの加工方法につい

て検討します。また、需要予測モデルに用いるアルゴリズムを選択し、AIモデルの開発／検証／評価方法について検討します。通常、複数のアルゴリズムを取捨選択しながらAIモデルの開発を行うため、複数のアルゴリズムをあらかじめ候補として選んでおきます。

⑤ アーキテクチャ設計：どのようなシステム構成にするのか決める

AI企画で実施する6つの設計の中で忘れられやすいのが**アーキテクチャ設計**です。アーキテクチャ設計では、AIシステムに求められる機能要件を整理し、AI活用を実現するためのシステム構成およびAIシステムのロードマップを検討します。

今回は、「商品需要予測に基づく在庫管理」を実現するための発注管理システムや需要予測システムのシステム構成について検討します。AIシステムでは大量のデータを扱うことが多いため、ビッグデータを処理できるシステム構成を検討する必要があります。また、AIモデルの開発には、ハイスペックなマシン能力が求められるため、分散処理や並列処理などを組み合わせて対応する必要があります。AIシステムとして、どのようなシステム構成が適切なのか、このアーキテクチャ設計の中で検討しておきます。

⑥ 推進体制設計：AIプロジェクトの体制を決める

業務設計、分析プロセス設計、アーキテクチャ設計の内容を踏まえ、AIプロジェクトの**推進体制を設計**します。ここでは、プロジェクトフェーズごとのメンバー構成を検討します。AIを適用する業務領域、使用するAIアルゴリズム、AIシステム構成（オンプレミス／クラウドなど）によって、AIプロジェクトにアサインするメンバー構成は変わります。AI活用に向けて必要なチームをデザインし、社内外からメンバーを招集しなければなりません。

今回の場合は、AIを活用した新たな発注業務を推進するメンバーや、需要予測モデルを開発するメンバー、需要予測システムを構築するメンバーなどをアサインします。

⑦ ビジネス価値設計：机上でビジネス価値を試算する

AI企画で実施する6つの設計の最後は**ビジネス価値設計**です。ビジネス価値設計では、AI活用によって得られるビジネス価値を机上で試算します。今回は、

「商品需要予測に基づく在庫管理」によって、廃棄ロスをどの程度削減できそうか試算します。当然、これからAIを活用することになるので、企画の段階で正確なビジネス価値を試算することはできません。一方で、AIの導入には、非常に時間とコストがかかります。もし企画の段階でAI活用によって得られる価値が小さいと考えられる場合は、費用対効果（ROI：Return On Investment）の観点から、AIの適用を見送る判断も必要になります。**AI活用に、どの程度のビジネス価値がありそうなのか、このビジネス価値設計の中で明らかにしておきます。**

2-2-3 ／ 実現可能性判断

⑧ 実現可能性判断：AIによる課題解決の実現可能性を判断する

AI企画で実施した6つの設計を踏まえ、AI活用の**実現可能性**について検討します。ここで実現可能性がないと判断された場合は、課題定義やAI企画の最初に戻って検討をやり直すか、AI活用の検討自体を取り止めます。AIプロジェクトの実現可能性は、技術動向、業務負荷、ビジネス価値、導入コスト、推進体制、コンプライアンスを基に、総合的に判断します。

今回は、スーパーマーケットの各店舗における現場担当者の業務負荷や、需要予測システムの導入コスト、廃棄ロスの削減度合いなどを総合的に検討し、「商品需要予測に基づく在庫管理」の実現可能性を判断します。

2-2-4 ／ プロジェクト立ち上げ

⑨ プロジェクト立ち上げ：AIプロジェクトを立ち上げる

企画フェーズの最後のタスクは**プロジェクト立ち上げ**です。実現可能性判断の結果、AIによって課題解決の可能性があると判断された場合は、関連部門／関係者にAIプロジェクトの実行計画を説明し、プロジェクト開始の承認を得ます。

今回は、「商品需要予測に基づく在庫管理プロジェクト」を開始する承認を得ます。AIプロジェクトの一部を外部のベンダーに依頼する場合は、AIプロジェクトに関する**契約書**を作成します。AIに関する契約は専門的な知識が必要になるため、専門家の協力を得ながら作成します。

2-3 実証フェーズにおける AI活用のためのプロセス

課題解決の実現性を検証するPoC

　実証フェーズでは、企画フェーズで検討した内容に基づき、AIによって本当に課題を解決することができるのか検証します。この課題解決の実現性について検証することを「PoC」といいます。AIを活用した課題解決を進める場合、いきなり大規模なAI導入は行わず、まずは小規模なPoCから始めます。これはAIが新しいテクノロジーであり、やってみないとわからない部分が大きいからです。今回は、「商品需要予測に基づく在庫管理」の実現性をPoCで確認します。

　このPoCは、対象範囲や対象期間を変えながら、課題解決の実現性が確認できるまで必要に応じて繰り返します。ただし、PoCには時間もコストもかかるため、最小限のPoCで課題解決の実現可否を判断できることが理想です。スーパーマーケットにおける商品需要予測を検証する場合、まずは総菜カテゴリーなどの特定の商品カテゴリーに絞り、AIを活用することで需要予測を実現できそうか検証します。特定の商品カテゴリーでうまく予測できるようであれば、他の商品カテゴリーにも予測対象範囲を広げて商品需要予測の実現性を確認します。

　「**PoC計画**」では、PoCで検証する内容を検討し、PoC計画書としてまとめます。「PoC」では、PoC計画書に基づき、AIモデル検証、業務検証、アーキテクチャ検証、ビジネス価値検証の4つの検証を行います。

　データ収集でAIモデル開発のためのデータを集め、AIモデルを開発します。AIモデルの精度が思わしくない場合はデータ収集に戻り、再度データを集め直します。PoCでは課題解決の実現性が確認できるまで、データ収集から先ほどの4つの検証を繰り返します。それぞれの検証で得られた内容を反映させながら検証を繰り返し、AIによる課題解決の実現性を確認します。

　「**PoC結果報告**」では、**プロジェクト関係者**へPoCの結果を報告します。実施したPoCの結果だけで課題解決の実現性が判断できない場合は、再度PoC計画に戻り、検証する内容の見直しが必要です。

　「**AI導入判断**」では、PoCの結果を踏まえ、AIを導入するか否か判断します。AIによる課題解決の実現性が確認でき、AIを導入する価値があると判断された場合は、次の導入フェーズに進みます。

実証フェーズの進め方

実証フェーズは、大きく分けると「PoC計画」、「PoC」、「PoC結果報告」、「AI導入判断」の4つから構成されます。

▶ 実証フェーズ：4つの構成と実施する8つのタスク

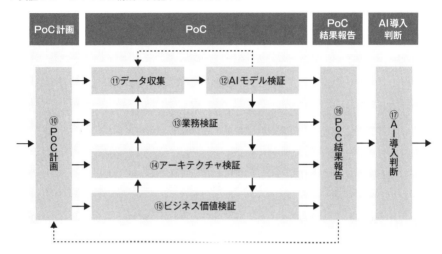

2-3-1／PoC計画

⑩ PoC計画：PoCで何を検証するのか決める

PoC計画では、AIによる課題解決の実現性を見極めるために、何をどの範囲で、どこまで検証するのかを検討し、**PoC計画書**を作成します。最小限のPoCで課題解決の実現性を見極めるためには、**評価範囲や評価項目の絞り込み**が必要です。また、PoCでどのような結果が出たらAIの導入に進むのか、**ジャッジポイントを設定しておくこと**が重要になります。このPoCの評価内容とジャッジポイントは、PoC計画の中でしっかりと決めておかなければなりません。これらを事前に決めておかないと、AIの導入に踏み切るタイミングを判断できず、いつまでたってもPoCから抜け出せなくなります。PoCが長期間におよぶと、最初に立てた目標を見失い、何をどこまで検証すれば良いのか不明確になることがあります。その際はこのPoC計画書に立ち返り、評価内容を再確認します。

PoCで実施する4つの検証は、AI企画で検討した内容にそれぞれ対応しています。分析プロセス設計は「AIモデル検証」、業務設計は「業務検証」、アーキテ

クチャ設計は「アーキテクチャ検証」、ビジネス価値設計は「ビジネス価値検証」に対応しています。一般的に、PoCというと「AIモデル検証」をイメージすることが多いですが、課題解決の実現性を検証するという意味では、AIモデル検証だけでは不十分です。業務的な観点、システム的な観点、ビジネス的な観点についても実現性を見極める必要があります。

　今回は、「商品需要予測に基づく在庫管理」の実現性を確認するためのPoCを計画します。「AIモデル検証」として、需要予測モデルを開発し予測精度を検証します。「業務検証」として、いくつかの店舗を対象とした新しい発注業務のトライアルを実施します。また「アーキテクチャ検証」として、新たに構築する需要予測システムの機能検証／性能検証を実施します。そして「ビジネス価値検証」として、いくつかの店舗で実際に「商品需要予測に基づく在庫管理」を適用し、廃棄ロスの削減度合いを確認します。スーパーマーケットにおける代表的な店舗で、廃棄ロスの削減効果を確認できたら、本格的なAIシステムの導入に進むことになります。

▶ PoCで実施する4つの検証

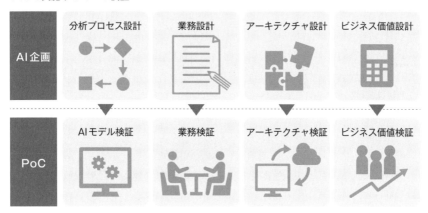

2-3-2 ／ PoC

⑪ データ収集：AIモデル開発のためのデータを集める

　PoC計画書に基づき、AIモデルを開発するための**データを収集**します。まず、自社で保有する内部データおよび外部データを整理し、AIモデルを開発するためのデータを選定します。次にデータへのアクセス手段を確保し、対象となるデータを収集します。ある程度データを収集できたら、データのアセスメントを行い、

不足分があれば再度データを集めます。AIモデル検証では、精度改善のために追加データが必要になることが多く、PoCを実施しながら何度もデータを集めることになります。

　今回収集するのは、需要予測モデルを作成するためのデータです。社内の基幹システム（POSシステムや在庫管理システム）から販売実績データや在庫データを抽出し、オープンデータとして公開されている気象データやエリアデータ、イベントデータなどを収集します。

⑫ AIモデル検証：課題を解決するためのAIモデルを開発し検証する

　AIモデル検証では、AIモデルを開発することで本当にビジネス課題を解決できそうか検証します。まず、分析プロセス設計に基づき、収集したデータを用いてAIモデルを開発します。AIモデルが開発できたら、AIモデルの精度を評価します。

　今回は、需要予測モデルを開発し、期待する予測精度を満たすことができるか検証します。データ収集で集めた販売実績データや気象データ、イベントデータに適切なデータ加工処理を行い、複数のアルゴリズムを組み合わせながら需要予測モデルを開発します。通常、一度のモデル開発で期待した予測精度を満たすことはできないため、何度も予測モデルを作り直しながら、少しずつ予測精度を向上させていきます。

⑬ 業務検証：AIを業務に組み込むことができるか検証する

　PoCで実施する4つの検証の中で最も重要なのが**業務検証**です。ここでは、現場での業務プロセスや業務負荷を踏まえ、本当にAIを業務に組み込むことができそうか検証します。AIを活用した業務の実行可能性を机上で見極めるのは難しく、**実際の業務の現場**で検証する必要があります。ここが業務検証の一番の難しさです。

　業務検証は、既存の業務で忙しい現場部門の協力を得ながら実施するため、泥臭く苦労の多い活動になります。今回は、スーパーマーケットの現場に「商品需要予測に基づく在庫管理」を適用できそうか検証します。新しい業務プロセスの適用可否を判断するために、代表的な店舗をいくつかピックアップし、新しい発注業務や在庫管理を試験的に導入してみます。このように実際の業務の現場で新しい業務プロセスを試すことで、「商品需要予測に基づく在庫管理」の実現性を

確認します。

業務検証では、現場での業務の進め方や意思決定のやり方を踏まえ、AIを導入した場合に現場でどのような負担が生じてしまうのか1つ1つ確認していきます。現場部門の理解が得られない場合は、粘り強い交渉も必要になります。一筋縄ではいかない業務検証ですが、AIによる課題解決の実現性を見極めるというPoCの目的を考えると、スキップすることはできません。AIモデル検証によってすばらしい精度のAIモデルが開発できたとしても、実際の業務に適用することができなければ、絵に描いた餅で終わってしまいます。PoCにおける業務検証の重要性を理解し、粘り強くタスクを実施することが求められます。

⑭ アーキテクチャ検証：AIシステムを運用できそうか検証する

アーキテクチャ検証では、企画フェーズで検討したシステム構成で本当にAIシステムを運用できそうか検証します。今回は、「商品需要予測に基づく在庫管理」を実現するための発注管理システムや需要予測システムについて機能検証／性能検証を実施します。

クライアント技術、クラウド技術、分散処理技術、データ蓄積技術など、AIシステムを構成する技術は多岐にわたります。想定しているシステム構成の中で、これまで採用したことのないAI技術やプラットフォームがあれば、このタイミングで求められる機能要件や非機能要件を満たすことができるか確認しておきます。

⑮ ビジネス価値検証：ビジネス価値を実現できそうか検証する

ビジネス価値検証では、企画フェーズで試算したビジネス価値を実現できそうか検証します。企画フェーズでは机上での価値試算でしたが、ここではAIのビジネス価値を測定するために、実際に業務の現場で実験的にAIを活用してみます。業務検証と同様に、代表的な店舗をいくつかピックアップし、AIモデル検証で開発した需要予測モデルを試験的に導入してみます。

今回は、AIを活用した商品需要予測を行うことで、実際に廃棄ロスをどの程度削減できるか確認します。業務検証が業務の実現性を検証しているのに対し、ビジネス価値検証では**ビジネス目標の実現性**を検証します。どちらも業務の現場で検証を行うため、同時に検証することが多いですが、別々に検証しても問題ありません。ビジネス価値が試算できたら、AIの導入およびAIの活用に必要なコストを試算し、費用対効果を算出します。

2-3-3 ／ PoC結果報告

⑯ PoC結果報告：PoCの結果を報告する

PoC結果報告では、AIモデル検証、業務検証、アーキテクチャ検証、ビジネス価値検証の結果を、プロジェクト関係者に報告します。PoCの結果を記載したPoC報告書は、経営層や現場部門の責任者、業務担当者などさまざまな立場の人が読む可能性があるため、**できるだけ専門用語は使わず、わかりやすく読める報告書を目指します**。今回は、スーパーマーケットの店舗管理部門や店舗支援を担当しているスーパーバイザーにPoCの結果を説明し、「商品需要予測に基づく在庫管理」の実現性について報告します。

PoC報告書は、関連部門／関係者がAIによる課題解決の実現性を見極めるための重要な資料です。報告書に記載している内容に、集計ミスやデータの不整合があると、プロジェクト関係者が実現性を正しく判断できません。また、データのねつ造や分析結果の改ざんなど、疑わしい分析結果が報告書の中に混じっていると報告書自体の信頼を損ないかねません。PoC報告書を作成するメンバーには、データを扱うための高い倫理観と、数字を丁寧に扱う慎重さが求められます。

2-3-4 ／ AI導入判断

⑰ AI導入判断：AIの導入を判断する

AI導入判断では、PoC結果を踏まえ、AIを導入するかどうか判断します。今回は業務検証やビジネス価値検証でピックアップされた代表店舗におけるPoC結果を基に、「商品需要予測に基づく在庫管理」の導入を検討します。

PoCの目的は、AIによる課題解決の実現性を見極め、AIの導入に進むのか、見送るのか判断することです。しかし、PoCで確認できるのは、業務の一部でAIの価値が実証できたということであって、すべての業務で価値が実証できたわけではありません。今回も、スーパーマーケットにおける代表的な店舗で廃棄ロスの削減効果が確認できただけであって、それ以外の店舗でも「商品需要予測に基づく在庫管理」を適用すれば確実に廃棄ロスが削減できるとは言い切れません。

複数回PoCを実施したとしても、すべての業務パターンを網羅することはできないため、一部の業務で価値実証された結果を基に、全体に適用した場合の実現性を類推する必要があります。この限られた検証結果からAIの導入に進むと

いう決断ができないと、PoCのループから抜け出せなくなってしまいます。AIによる課題解決の実現性が確認でき、AI導入の価値があると判断された場合は、次の導入フェーズに進みます。

Column ▷ ITSS+ ／データサイエンス領域タスクリスト

企画フェーズにおける「**分析プロセス設計**」や実証フェーズにおける「**AIモデル検証**」で実施するタスクの詳細が知りたい場合は、独立行政法人情報処理推進機構（IPA）から公開されている「**ITSS+ ／データサイエンス領域タスクリスト**」を確認してみましょう。本タスクリストは、一般社団法人データサイエンティスト協会スキル定義委員会を中心に作成されたもので、筆者も委員の一人として作成に携わっています。

またIPAからは、本タスクリストの読み解き方、活用方法を記した『データサイエンティストのためのスキルチェックリスト／タスクリスト概説』も公開されています。興味がある方は確認してみてください。

▶ タスクリストにおける4つのフェーズ

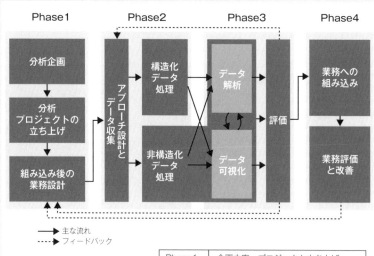

Phase1	企画立案〜プロジェクト立ち上げ
Phase2	アプローチの設計〜データ収集・処理
Phase3	データの解析〜データ可視化
Phase4	業務への組み込み〜業務の評価・改善

出典：一般社団法人データサイエンティスト協会、独立行政法人情報処理推進機構（IPA）監修『データサイエンティストのためのスキルチェックリスト／タスクリスト概説』
https://www.ipa.go.jp/files/000083733.pdf

2-4 導入フェーズにおける AI活用のためのプロセス

導入フェーズで構築する3つのシステム

　導入フェーズでは、業務システム、連携システム、分析システムの3つのシステムを**構築**します。「**業務システム**」は、業務担当者やエンドユーザーがAIを活用するためのシステムです。「**連携システム**」は、業務システムと分析システムの間で、情報をやりとりするためのシステムです。「**分析システム**」は、AIに学習／推論させるためのシステムです。この3つをあわせて「**AIシステム**」と呼びます。

▶ 導入フェーズで構築する3つのシステム

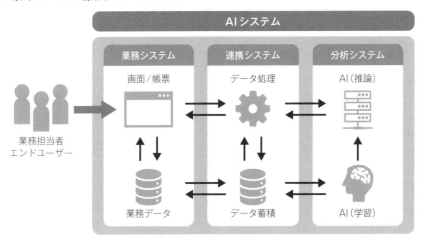

- **業務システム**：業務担当者やエンドユーザーがAIを活用するためのシステム
- **連携システム**：業務システムと分析システムの間で、情報をやりとりするためのシステム
- **分析システム**：AIに学習／推論させるためのシステム

　今回は、スーパーマーケットにおける「商品需要予測に基づく在庫管理」を実現するために、業務システムとして「発注管理システム」を開発します。また、分析システムとして「需要予測システム」、連携システムとして発注管理システムと需要予測システムの間でデータのやりとりをする「ETL（Extract、Transform、

Load）システム」および、需要予測モデルを作成するための学習データを蓄積しておく「DWH（Data WareHouse）システム」を開発します。

AIを活用するためには、それぞれのシステムを滞りなく連動させる必要があります。業務システムに不備があると、業務担当者やエンドユーザーにAIが出力した結果を正しく伝えることができません。また、分析システムに不備があると、想定とは異なる予測結果が出力されてしまいます。連携システムに不備があると、不適切なデータをAIに学習させてしまったり、AIが出力した結果を必要なタイミングで業務システムに戻せなくなったりします。導入フェーズでは、業務システム、分析システム、連携システムを連動させることを意識して開発を進めます。

導入フェーズの進め方

導入フェーズでは、実証フェーズで価値実証されたAIを、実際の業務に組み込みます。導入フェーズは、大きく分けると「要件定義」、「システム設計」、「システム開発」、「総合テスト」、「サービスイン」の5つから構成されます。

▶ 導入フェーズ：5つの構成と実施する9つのタスク

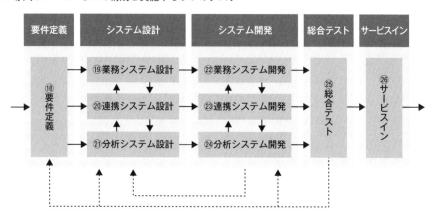

「**要件定義**」では、AIシステムの機能要件および非機能要件を整理し、要件定義書を作成します。「**システム設計**」では、要件定義書を基に、業務システム、連携システム、分析システムの設計を行い、システム設計書としてまとめます。「**システム開発**」では、システム設計書に基づき、業務システム、連携システム、分析システムの開発を行います。「**総合テスト**」では、3つのシステムを連動させた総合テストを行い、問題が見つかった場合は、 要件定義やシステム設計に戻

り、AIシステムを再設計します。最後に「**サービスイン**」では、総合テストの結果を踏まえ、AIシステムのサービス開始を判断します。

　業務システム、連携システム、分析システムはそれぞれ連動しており、アジャイル型でシステム設計とシステム開発を行き来しながら開発を進める必要があります。それぞれの開発で試行錯誤を伴うためスケジュールが遅延しやすく、計画通りに進捗しないことがよくあります。特に、分析システムの開発に遅れが生じると、業務システムや連携システムの開発に大きな影響が出てしまいます。AIシステム開発では、各システムの進捗度合いを確認しながら全体を統括するマネジメント力が重要になります。

2-4-1 ／ 要件定義

⑱ 要件定義：AIシステムの要件を定義する

　要件定義では、AIシステムの機能要件および非機能要件を定義します。今回は、発注管理システム（業務システム）、ETL/DWHシステム（連携システム）、需要予測システム（分析システム）の機能要件および非機能要件を整理します。AIシステム開発では、通常のシステム開発では検討しない**AIモデルに関する要件（AIモデル要件）**の定義が必要です。スーパーマーケットにおける取扱商品や発注業務のオペレーションを踏まえ、AIモデルに求められる安定性や頑健性、解釈性、保守性について検討します。

　また、非機能要件の1つとして**AIシステムの性能要件**についても定義する必要があります。ここでは、需要予測システムの学習処理および推論処理について性能要件を検討します。一般的にAIモデルの学習処理と推論処理を比較した場合、圧倒的に時間がかかるのは学習処理です。需要予測モデルの学習処理にはかなりの時間が必要になるため、AIシステム全体のジョブ実行スケジュールを踏まえ、規定の時間内に処理が終わるように性能要件を定義しなければなりません。また、推論処理は、比較的時間がかからないといわれますが、膨大なデータ量を処理する大規模システムの場合、推論処理においても性能上の問題が起こることがあります。特に需要予測の対象となる商品数や店舗数が増えてくると、規定の時間内に推論処理が終わらないこともあるため、将来のデータ量の増加も見据え性能要件を定義します。AIシステムの要件定義を行う際は、AIモデル要件とAI性能要件について丁寧に検討することが求められます。

2-4-2 ／ システム設計

⑲ 業務システム設計：AIシステムのユーザーインターフェイスを設計する

　業務システム設計では、業務担当者やエンドユーザーがAIを活用するためのシステムを設計します。今回は、売り場担当者が利用する発注管理システムの設計を行います。PoCで実施した業務検証の内容を踏まえ、発注管理システムのユーザーインターフェイス（UI）を検討します。業務システムの利用者はAIの専門家ではないため、わかりやすいインターフェイスが求められます。AIから出力された結果を、どのように業務担当者やエンドユーザーに見せれば、誤解なく正しく理解してもらえるのか意識して発注画面を設計します。

⑳ 連携システム設計：システム間の連携処理を設計する

　連携システム設計では、業務システムと分析システムの間で情報をやりとりするためのシステムを設計します。今回は、発注管理システムと需要予測システムの間でデータをやりとりするETLシステムおよび需要予測モデルを作成するための学習データを蓄積しておくDWHシステムを設計します。まず、連携させるデータの発生タイミングや取得方法を確認し、必要となるデータ加工処理を洗い出します。また、異なるコード体系やデータフォーマットが混在する複数のシステムからデータを連携させる場合は、データ統合処理について検討します。

　連携システム設計では、要件定義で整理した機能要件／非機能要件に基づき、適切なデータ蓄積技術およびデータ処理技術を選択する必要があります。AIシステムで扱うデータの特性に応じて、適切なデータ蓄積技術を選択します。多くの場合はリレーショナルデータベースを選択しますが、データ量が膨大な場合は、ビッグデータの蓄積に適した分散処理技術やNoSQLを採用します。また、求められるデータ処理性能に応じて適切なデータ処理技術を選択します。

㉑ 分析システム設計：本番AIモデルを設計する

　分析システム設計では、AIに学習させるための環境（学習環境）およびAIが推論するための環境（推論環境）を設計します。今回は需要予測システムとして、需要予測モデルを開発するためのモデリング環境（学習環境）と、需要予測結果を出力するためのスコアリング環境（推論環境）を設計します。まず学習処理および推論処理で取り扱うデータ量を試算し、適切なハードウェア／ソフトウェア

通信環境を選定します。需要予測モデルを開発するために必要となる初期データがあれば、初期移行対象データとして整理しておきます。

また、活用フェーズで利用する**本番AIモデル**の設計も行います。PoCでは、限られた一部のデータを基にAIモデルを開発しましたが、この導入フェーズでは、日々の業務で運用することを想定した本番AIモデルの開発が必要になります。本番需要予測モデルは、PoCで開発した需要予測モデルと比較し、データ量や学習頻度、求められる性能要件が異なるため、再度モデルの設計が必要となります。あわせて、本番AIモデルが劣化した場合のモデル入れ替え方針や、モデル更新時の評価方法についても検討しておきます。

2-4-3 ／ システム開発

㉒ 業務システム開発：業務担当者やエンドユーザーのためのUIを開発する

業務システム開発では、業務システムを構築し、業務担当者やエンドユーザーがAIを活用するためのUIを開発します。業務システム設計で検討した内容を基に、業務システム上にAIを活用するための**画面**／**帳票**／**入出力システム**を開発します。

今回は売り場担当者が利用する発注端末画面や、店舗管理者が利用する発注管理画面を開発します。また、発注管理システムから需要予測システムへ情報をフィードバックするための仕組みも開発します。売り場担当者や店舗管理者がAIの予測結果を採用せず、自らの経験を基に発注数を修正した場合は、その情報を需要予測システムに連携します。フィードバック情報として連携されたデータは、AIの追加学習データとして利用し、需要予測精度の向上に役立てます。

㉓ 連携システム開発：データ加工処理およびデータ統合処理を開発する

連携システム開発では、連携システムを構築し、業務システムと分析システムを連携させます。連携システム設計で検討した内容を基に、データ加工処理（ETLシステム）およびデータ蓄積処理（DWHシステム）を開発します。今回の場合は、需要予測モデルを作成するために必要なデータが、複数の発注システムや在庫システムに分散しているため、ETLシステム上にデータ加工処理およびデータ統合処理を開発します。

また、**イレギュラーデータが連携された場合の例外処理**の開発も行います。本番AIモデルを開発した際に想定していなかったイレギュラーデータが分析システムに連携されてしまうと、AIは極端な予測結果を出力してしまうことがあります。例えば、売り場担当者が間違って、通常100円の商品を1円と入力してしまった場合、非常に多くの販売数が見込めるため、たくさんの在庫が必要という需要予測結果が出力されます。このような極端な出力結果を業務システムに戻してしまうと、業務に支障をきたすとともに、AIシステムに対する信頼を失ってしまう危険があります。そのため、イレギュラーデータが連携された場合の処理をあらかじめ検討しておき、例外処理として実装しておかなければなりません。

㉔ 分析システム開発：本番AIモデルを実装する

分析システム開発では、AIの学習環境／推論環境を構築し、本番導入するAIモデルを開発します。今回、分析システムとして構築するのは、需要予測モデルの学習と推論を行う需要予測システムです。分析システム設計で検討した内容に基づき、初期移行したデータを使って、本番導入する需要予測モデルを開発します。PoCにおける需要予測モデル開発とは異なり、対象とする業務領域や取り扱うデータの範囲が広くなるため、実証フェーズでは顕在化していなかった、精度問題や性能問題が次々と発生します。それらを1つ1つ解決しながら需要予測システムに組み込むための本番需要予測モデルを完成させます。

2-4-4 ／ 総合テスト

㉕ 総合テスト：それぞれのシステムを連動させてテストする

総合テストでは、業務システム、連携システム、分析システムを連動させたテストを行います。今回実施するのは、発注管理システム、ETLシステム、DWHシステム、需要予測システムを連動させた総合テストです。それぞれのシステムで開発した機能を連動させてテストすることによって、AIシステムとして滞りなく処理が流れるか確認します。また、AIシステム全体を通した**負荷テスト**を実施します。それぞれのシステム単独では規定の時間内に完了していた処理も、複数のシステムを連動させてみると性能問題が発覚することがあります。その場合はボトルネックとなっている箇所を特定し、AIシステム全体での**パフォーマンスチューニング**を行います。

2-4-5／サービスイン

㉖ サービスイン：AIシステムをサービス開始する

　総合テストの結果を基に、サービス開始時に必要となる機能要件／非機能要件を満たしていると判断できた場合は、AIシステムの**サービスイン**に踏み切ります。AIシステムは、日々の業務の中で、追加学習やAIモデルの入れ替えを実施し、少しずつ成長させていくシステムです。そのため、サービスイン時にすべての機能要件／非機能要件を満たしている必要はありません。

　例えば、スーパーマーケットで新たに取り扱いを始めた商品カテゴリーがある場合、販売を始めたばかりの初期段階ではAIの学習データが圧倒的に不足しているため、うまく需要予測モデルを開発することができません。すべての商品カテゴリーにおいて完璧な予測精度を求めてしまうと、いつまでたってもサービスインできなくなってしまいます。サービスイン時から完璧を目指すのではなく、ある一定のレベルまで達していればAIシステムを使い始めるという割り切りも必要になります。サービスイン時に満たすことができなかった機能要件／非機能要件に関しては、AIシステムを運用していく中で、要件を満たせるように改善活動を実施していきます。

2-5 活用フェーズにおける AI活用のためのプロセス

活用フェーズの進め方

　活用フェーズでは、導入フェーズで構築したAIシステムを使って、業務担当者やエンドユーザーがAIを活用した業務を遂行します。活用フェーズは、大きく分けると「AI業務活用」、「モニタリング」、「システム運用」の3つから構成されます。

▶ 活用フェーズ：3つの構成と実施する6つのタスク

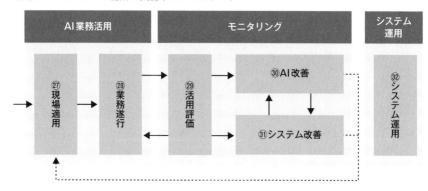

　「**AI業務活用**」では、業務担当者やエンドユーザーが、日々の業務の中でAIを活用します。「**モニタリング**」では、当初の想定通りAIを活用できているか定期的に確認し、必要に応じて活用内容を見直します。「**システム運用**」では、AIを活用するための業務システム／連携システム／分析システムを運用します。

2-5-1 ／ AI業務活用

㉗ 現場適用：AI活用を現場に浸透させる

　現場適用では、AI活用のための枠組みを整備し、AIを現場に浸透させます。AIをシステムに実装しただけでは、AIの業務活用は進みません。AIを業務担当者やエンドユーザーに活用してもらうためには、ドキュメントやマニュアルを整備し、しっかりと活用方法をレクチャーする必要があります。

今回は、「商品需要予測に基づく在庫管理」を現場に浸透させるために、売り場担当者や店舗管理者に発注管理システムの活用方法をレクチャーします。普段からAIを使い慣れていない現場だと、なかなかAIの活用が進まないことがあります。場合によっては、トップダウンでAI活用の号令をかけたり、AI活用の旗振り役をアサインしたりして、AIの活用を促進します。

また、AI活用を浸透させるためには、AIを活用しているメンバー同士で**活用ナレッジ**を共有することも有効です。AI活用に不安を抱いている業務担当者も、他の社員がどのようにAIを活用しているのか知ることができれば、AIを利用してみようという気持ちになります。今回の場合は、「商品需要予測に基づく在庫管理」を実践しているスーパーマーケットの店長やエリアマネージャーに、AIの活用方法や活用成果、現場への浸透方法などを発表してもらうことで、AI活用が進んでいない店舗の背中を押します。

㉘ 業務遂行：AIを活用して業務を遂行する

業務遂行では、業務担当者やエンドユーザーがAIを活用して業務を遂行します。今回は、スーパーマーケットの各店舗で「商品需要予測に基づく在庫管理」を実施します。売り場担当者は、AIが出力した需要予測結果の妥当性を確認しながら、日々の発注業務を遂行します。AIを活用する際は、AIも間違った結果を出力する可能性があることを念頭に置きながら業務を進める必要があります。AIからの出力結果に違和感がある場合はいったん手を止め、ビジネス／業務的な観点で出力結果の妥当性をチェックします。AIの予測結果が実態から乖離している場合は、売り場担当者の経験に基づき発注数を修正します。売り場担当者が、業務の中で修正した内容や間違っていると判断した内容は、需要予測システムに**フィードバック**し、AIの追加学習データとして活用します。

2-5-2／モニタリング

㉙ 活用評価：AIを活用できているかモニタリングする

活用評価では、当初の想定通りAIを活用できているか定期的に確認します。AI導入によるビジネス効果をモニタリングし、効果が出ていない場合は原因を分析して対策を講じます。

今回は、「商品需要予測に基づく在庫管理」の活用状況を、**業務評価指標**と精

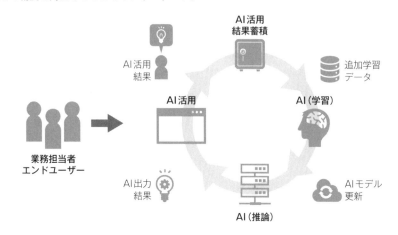

度評価指標の両方を使って確認します。ここでは、AI導入の効果を測る業務評価指標として「廃棄ロス率」をモニタリングします。また、AIモデルの劣化状況を測る精度評価指標として「需要予測結果と販売実績の差」をモニタリングします。それぞれの評価指標を定期的に確認し、課題が見つかった場合はAIモデルやAIシステムを見直すかどうか検討します。

㉚ AI改善：AIモデルを見直す

　AI活用を進めていく中で、AIの精度が落ちてきた場合は**AIモデルを見直し**ます。AIは、一度業務に組み込んだら終わりではなく、定期的に活用状況を評価しながら改善していく必要があります。最初に分析システムに組み込んだ本番AIモデルは、システム構築時点のデータでしか学習していないため、時間の経過とともに古くなってしまいます。AIを劣化させないためには、定期的に新しいデータを使って再学習することが必要となります。

　AIモデルの見直しを行うタイミングはプロジェクトによって異なりますが、多くのプロジェクトでは次の2つの観点で判断しています。

　1つ目は、AIシステムの運用の中で定期的に確認をしている**モニタリング指標**を用いる方法です。AIが劣化してくると、それに合わせて業務評価指標や精度評価指標も悪くなります。あらかじめ設定しておいた閾値と照らし合わせ、AIモデルを見直すかどうか判断します。今回の場合は、店舗ごとの「廃棄ロス率」を確認し、極端に廃棄ロス率が増えている店舗があれば需要予測モデルを見直し

ます。

　もう1つは、**業務内容が変更になるタイミング**でAIモデルを見直す方法です。業務内容が大きく変更された場合、その変更内容をAIは学習できていないため、AIが出力する結果の信頼性が著しく低下します。業務内容の変更は、さまざまな要因で起こります。事業戦略の変更によって業務内容が変わる場合もあれば、法規制や技術革新によって業務内容が変わる場合もあります。今回の場合だとスーパーマーケットで新たな商品カテゴリーの販売を始める場合や、新しいエリアに店舗を出店する場合などに、需要予測モデルの見直しを検討します。ただし、業務内容の変更があったからといって、常にAIモデルの見直しが必要になるわけではありません。業務内容の変更に伴うAIへの影響が少ないのであれば、AIモデルの見直しは行いません。新たな商品カテゴリーの販売や新規エリアへの出店が需要予測モデルに与える影響度合いを確認し、AIモデルを見直すかどうか判断します。

㉛ システム改善：AIシステムを強化する

　システム改善では、AIシステムの利用状況に応じて、システムを強化します。AI活用が社内に浸透してくると、AIを利用する部署や社員がどんどん増えてきます。AIの活用範囲が広がってきた場合は、増加するデータ量に対応するためにAIシステムの**ハードウェア／ソフトウェア／通信環境**の強化が必要となります。今回の場合だと、需要予測の対象となる商品数が増えてきた場合や、需要予測を活用する店舗数が増えてきた場合に、AIシステムの増強を検討します。

　また、AI活用部門からAIシステムへの機能追加要望があれば、アーキテクチャ設計の中で作成した**AIシステムロードマップ**に沿って検討を行い、適切なタイミングで機能を追加します。このAIシステムロードマップは、AI活用を進めていく中で定期的に見直しを行います。AIに関連する技術領域の進展は目覚しく、設計時に一般的ではなかった技術も、広く使われる技術に変わっているかもしれません。新しい技術を取り入れた方が良いと判断できる場合は、積極的に取り入れます。

2-5-3／システム運用

㉜ システム運用：AIシステムを運用する

　システム運用では、AIを活用するための業務システム／連携システム／分析システムを運用します。業務担当者やエンドユーザーがストレスなくAIを活用できるようにAIシステムを監視し、システムの問題が起きないように努めます。今回は、「商品需要予測に基づく在庫管理」を滞りなく実施できるように、発注管理システム、ETLシステム、DWHシステム、需要予測システムを運用します。発注管理システムや需要予測システムに問題が発生してしまうと、発注業務が滞ってしまうため、安定的なシステム運用が求められます。

　また、日々のシステム運用の中でイレギュラーデータが発生した場合は、迅速に対応する必要があります。AIの学習時に想定していなかった特殊なイベントの発生や、連携している他システムの障害など、連携システムに実装している例外処理で対応できないイレギュラーデータが発生してしまった場合は、人手による補正を行い、AIシステムを復旧させます。

2-6 AIプロジェクトにおける AI人材の役割

　最後に、AIプロジェクトにおける各AI人材の役割を確認しましょう。AI人材のタイプごとに、フェーズごとの関与度合いは異なります。それぞれのフェーズにおいて、AI人材がどのようなタスクを担当するのか見ていきましょう。

2-6-1 企画フェーズにおけるAI人材の役割

　企画フェーズでは、**AIプランナー**を中心にタスクを進めます。AIプランナーの担当は「課題定義」、「アプローチ設計」、「業務設計」、「ビジネス価値設計」です。アプローチ設計に関しては、対象とするビジネス課題がAIで解くべき課題か見極める必要があるため、AIエンジニアと協力しながらタスクを遂行します。

　AIエンジニアは、「分析プロセス設計」を担当するとともに、「アーキテクチャ設計」をシステムエンジニアと共同で実施します。AIに関する技術構成はAIエンジニアが、一般的なシステム構成はシステムエンジニアが検討します。

　AIプロジェクトマネージャーはプロジェクトを推進するとともに、「推進体制設計」を担当し、AIプロジェクトの責任者として「実現可能性判断」を行い、問題がなければ「プロジェクト立ち上げ」を実施します。

▶ 企画フェーズにおけるAI人材の役割

タスク	AIプロジェクトマネージャー	AIプランナー	AIエンジニア	システムエンジニア	AIユーザー
課題定義		①課題定義			
AI企画	プロジェクト推進	②アプローチ設計			
		③業務設計	④分析プロセス設計		
	⑥推進体制設計	⑦ビジネス価値設計	⑤アーキテクチャ設計		
実現可能性判断	⑧実現可能性判断				
プロジェクト立ち上げ	⑨プロジェクト立ち上げ				

2-6-2 / 実証フェーズにおけるAI人材の役割

実証フェーズでは、**AIプランナー**と**AIエンジニア**を中心にタスクを進めます。AIプランナーは、「業務検証」と「ビジネス価値検証」を、AIエンジニアは「データ収集」、「AIモデル検証」、「アーキテクチャ検証」を担当します。データ収集とアーキテクチャ検証に関しては、必要に応じてシステムエンジニアの力を借りながらタスクを遂行します。

「PoC計画」と「PoC結果報告」に関しては、AIプランナー、AIエンジニア、システムエンジニアが協力してタスクを遂行します。PoCでは専門性の異なる4つの検証が必要なため、それぞれの検証を担当する人材が、計画と結果報告を行います。

AIプロジェクトマネージャーは、プロジェクトを推進するとともに、AIプロジェクトの責任者として「AI導入判断」を行います。

▶ 実証フェーズにおけるAI人材の役割

2-6-3 / 導入フェーズにおけるAI人材の役割

導入フェーズでは、**AIエンジニア**と**システムエンジニア**を中心にタスクを進めます。AIエンジニアは「分析システム設計」と「分析システム開発」を、システムエンジニアは、「業務システム設計」、「業務システム開発」、「連携システム設計」、「連携システム開発」を担当します。AIシステム開発における役割分

担として、AIに関わる分析システムはAIエンジニアが、既存のシステム資産を流用しやすい業務システム／連携システムに関してはシステムエンジニアが担当します。AIプロジェクトによっては、業務システムあるいは連携システムの開発をAIエンジニアが担当することもあります。

「要件定義」に関しては、PoCで検証した内容を踏まえて要件を整理する必要があるため、AIプランナー、AIエンジニア、システムエンジニアが協力してタスクを遂行します。「総合テスト」に関しては、業務システム、連携システム、分析システムの3つを連動させてテストするため、AIエンジニアとシステムエンジニアが共同で作業を実施します。

AIプロジェクトマネージャーは、プロジェクトを推進するとともに、AIプロジェクトの責任者として「サービスイン」を判断します。

▶ 導入フェーズにおけるAI人材の役割

2-6-4 ╱ 活用フェーズにおけるAI人材の役割

最後に活用フェーズでは、**AIユーザー**を中心にタスクを進めます。AIユーザーは、導入フェーズで開発されたAIシステムを使って「業務遂行」を行います。AIプランナーは「現場適用」を担当し、AI活用を滞りなく遂行するための枠組みを整備します。システムエンジニアは、AI活用を支える「システム運用」を担当します。

また、AIプランナー、AIエンジニア、システムエンジニアは協力して「活用評価」を実施します。活用評価の結果、「AI改善」が必要な場合はAIエンジニ

アが、「システム改善」が必要な場合はシステムエンジニアが対応します。AIプロジェクトマネージャーは、他のフェーズと同様にAIプロジェクトの責任者としてプロジェクトを推進します。

▶ 活用フェーズにおけるAI人材の役割

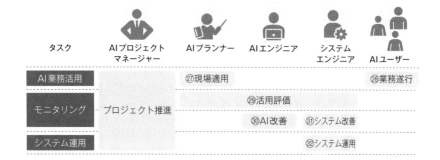

第 **2** 章 ＜まとめ＞

　本章で見てきたように、AIを活用するためには、複数の人材タイプが協力しながらタスクを遂行する必要があります。AIプロジェクトマネージャーによるマネジメントの下、AIプランナーがAIを活用した業務／事業を企画し、AI研究者が研究したAIアルゴリズムを用いて、AIエンジニアが課題解決のためのAIモデルを開発します。そしてAIを活用するためのシステムをシステムエンジニアが開発し、AIユーザーがそのシステムを使うことでAIを活用した業務を遂行します。

AI活用に関わる人材

　本書では、AI活用に関わる人材を細分化し、6種類の人材として定義

- AI研究者：AIアルゴリズムの研究／開発を行う人材
- AIプロジェクトマネージャー：AIプロジェクトのマネジメントを行う人材
- AIプランナー：AIを活用したビジネスを企画し、業務をデザインする人材
- AIエンジニア：AIモデルを設計／開発し、システムに実装する人材
- システムエンジニア：AIを活用するためのシステムを開発／運用する人材
- AIユーザー：AIを業務に利活用する人材（業務担当者やエンドユーザー）

AI活用のためのプロセス

　AIを活用するためには、4つのフェーズ32種類のタスクに取り組む必要がある

- 企画フェーズ：解決すべきビジネス課題を整理し、AIを活用した業務／事業を企画
- 実証フェーズ：PoCを通して、AIによって本当に課題を解決することができるのか検証
- 導入フェーズ：実証フェーズで価値実証されたAIを、AIシステムに

組み込み

- 活用フェーズ：導入フェーズで構築したAIシステムを使って、AIを活用した業務を遂行

AIプロジェクトにおけるAI人材の役割

AIプロジェクトのフェーズごとに、タスクをメインで担当するAI人材タイプが異なる

- 企画フェーズ：AIプランナーが中心
- 実証フェーズ：AIプランナーとAIエンジニアが中心
- 導入フェーズ：AIエンジニアとシステムエンジニアが中心
- 活用フェーズ：AIユーザーが中心

AI活用のためのプロセス（タスク一覧）

AIを活用するための4つのフェーズ32種類のタスク一覧

▶ AI活用のためのプロセス（タスク一覧）

フェーズ	No.	タスク		タスク内容
企画	1	課題定義		内部環境および外部環境を整理し、解決すべき課題を洗い出す
	2	AI企画	アプローチ設計	課題を解決するための道筋を整理し、AIで解くべき課題か判断する
	3		業務設計	AIを適用する業務を決定し、新たな業務プロセスを検討する
	4		分析プロセス設計	AIモデルを開発するための分析プロセスを検討する
	5		アーキテクチャ設計	AIを活用するためのシステム構成を検討する
	6		推進体制設計	AIプロジェクトの推進体制を検討する
	7		ビジネス価値設計	AIを活用することによるビジネス価値を検討する
	8	実現可能性判断		AI活用の実現可能性について検討する
	9	プロジェクト立ち上げ		関連部門、関係者間の合意形成を行い、AIプロジェクトを立ち上げる
実証	10	PoC計画		課題解決の実現性を検証するためのPoCを計画する
	11	PoC	データ収集	AIモデル開発に必要なデータを収集する
	12		AIモデル検証	AIモデルを開発することによって、課題を解決できそうか検証する
	13		業務検証	業務プロセスや業務負荷を踏まえ、AIを業務に組み込むことができそうか検証する
	14		アーキテクチャ検証	想定したシステム構成で、AIシステムを運用できそうか検証する
	15		ビジネス価値検証	ビジネス価値設計で試算したビジネス価値を実現できそうか検証する
	16	PoC結果報告		PoC結果を報告書にまとめプロジェクト関係者に報告する
	17	AI導入判断		PoC結果を踏まえ、AIの導入を判断する

フェーズ	No.	タスク		タスク内容
導入	18	要件定義		AIシステムの機能要件/非機能要件を整理し、要件定義書を作成する
	19	システム設計	業務システム設計	業務担当者やエンドユーザーがAIを活用するためのシステムを設計する
	20		連携システム設計	業務システムと分析システムの間で、情報をやりとりするためのシステムを設計する
	21		分析システム設計	AIに学習/推論させるためのシステムを設計する
	22	システム開発	業務システム開発	業務システムを構築し、ユーザーインターフェイスを開発する
	23		連携システム開発	連携システムを構築し、業務システムと分析システムを連携させる
	24		分析システム開発	分析システムを構築し、本番導入するAIモデルを開発する
	25	総合テスト		業務システム、連携システム、分析システムを連動させた総合テストを行う
	26	サービスイン		総合テストの結果を踏まえ、AIシステムのサービスインを判断する
活用	27	AI業務活用	現場適用	AI活用のための枠組みを整備し、AI活用を現場に展開する
	28		業務遂行	業務担当者やエンドユーザーが、AIを活用して業務を遂行する
	29	モニタリング	活用評価	当初の想定通りAIを活用できているか定期的に確認する
	30		AI改善	AIの精度が落ちてきた場合は、AIモデルを見直す
	31		システム改善	AIシステムの利用状況に応じて、ハードウェア/ソフトウェア/通信環境を強化する
	32	システム運用		AIを活用するための業務システム/連携システム/分析システムを運用する

Column ▷ データサイエンティストとAI人材

　データを活用し、課題解決につなげる人材として「データサイエンティスト」が有名です。採用の現場では、データサイエンティストとAIエンジニアが併記して募集されていたり、AIエンジニアが個別に募集されていたりと、企業によって募集の仕方が異なります。データサイエンティストとAI人材に違いはあるのか、両者の関係性について確認しておきましょう。

　一般社団法人データサイエンティスト協会では、「データサイエンティストとは、データサイエンス力、データエンジニアリング力をベースにデータから価値を創出し、ビジネス課題に答えを出すプロフェッショナル」と定義しています。ここでいう「ビジネス」とは、社会に役立つ意味のある活動全般を指します。また「プロフェッショナル」とは、体系的にトレーニングされた専門的なスキルを持ち、それをベースに顧客（お客様、クライアント）にコミットした価値を提供し、その結果に対して認識された価値の対価として報酬を得る人を指します。

　筆者の理解では、本書で紹介したAI人材（AI研究者も含む）を包含するのがデータサイエンティストです。データサイエンティストは、データを活用してビジネス課題を解決します。課題を解決するための手段としてAIを活用することもあれば、AI以外の手段で解決を図ることもあります。また、データサイエンティストが対応するタスクは、企画フェーズから活用フェーズまで多岐にわたります。どれか一部のタスクを担当するAI人材とは異なり、幅広いタスク遂行力が求められます。

　このことからAI人材は、データサイエンティストが実施する一部の活動に特化したスペシャリスト型の人材と考えることができます。AI人材は、AIを活用して課題を解決するという領域に特化し、それぞれ役割分担しながらタスクを遂行します（「2-6 AIプロジェクトにおけるAI人材の役割」参照）。

・データサイエンティスト：AIに限定することなく、幅広くデータを活用し課題解決を行う人材
・AI人材：データサイエンティストが実施する一部の活動（AIによる課題解決）に特化した人材

第 3 章

AI人材に
求められるスキル

第3章では、AI人材に求められるスキルについて解説します。第2章で見てきた通り、AI人材は企画フェーズから活用フェーズまで、さまざまなタスクを遂行する必要があります。そのため、AI人材に求められるスキルも多岐にわたります。ここでは、AI人材に求められるスキルを、AI人材タイプにかかわらず共通で必要となる「**共通スキル**」と、AI人材タイプごとに必要となる「**専門スキル（AIプロジェクト遂行スキル）**」に分けて解説します。

3-1では、AI人材に共通で必要となる「AIリテラシー」、「データリテラシー」、「AIプロジェクト遂行スキル」の3つのスキルについて解説します。3-2から3-6では、それぞれの人材タイプに求められる専門スキルについて解説します。本章を読むことによって、AI活用におけるタスクと人材タイプ、スキルを紐づけて理解することができます。

▶ 第3章の構成

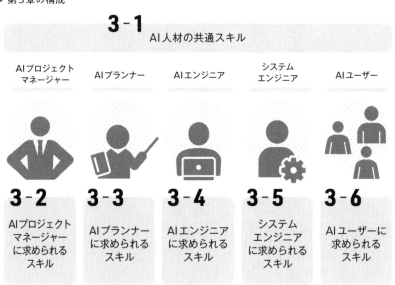

3-1 AI人材の共通スキル

　まず、いずれのAI人材タイプにも必要な「**共通スキル**」について確認しましょう。AI人材は、適切にAIを活用するために「**AIができることを理解し、正しく活用する力（AIリテラシー）**」が必要になります。また、AIから出力された結果を正しく解釈するために「**データを適切に読み解き判断する力（データリテラシー）**」が求められます。AIプロジェクトでは、さまざまな専門性を持った人材が一緒になってタスクを遂行するため、「**AIプロジェクトを協力して遂行する力（AIプロジェクト遂行スキル）**」も身につけておく必要があります。

▶ AI人材に求められる共通スキル

AI活用のためのプロセス			求められる力	身につけるべきスキル／知識
共通	AI利活用	AIリテラシー	AIができることを理解し正しく活用する力	・社会で起きている変化 ・社会で活用されているデータ ・データ・AIの活用領域 ・データ・AI利活用のための技術 ・データ・AI利活用の現場 ・データ・AI利活用の最新動向 ・データ・AIを扱う上での留意事項 ・データを守る上での留意事項
		データリテラシー	データを適切に読み解き判断する力	・データを読む ・データを説明する ・データを扱う
	AIプロジェクト遂行	AIプロジェクト遂行スキル	AIプロジェクトを協力して遂行する力	・AIプロジェクトの進め方 ・ドメイン知識（事業知識・業務知識） ・ドキュメンテーション ・プレゼンテーション

3-1-1 ╱ AIリテラシー

AIができることを理解し正しく活用する力

　昨今、さまざまな分野でAIの活用が進んでおり、AIへの期待も日に日に高まっています。しかし、AIは万能なテクノロジーではなく、できることには限界があります。AIを最大限活用するためには、**今のAIでできること／できないこと**

を正しく理解しなければなりません。

　また、**AIは社会を豊かにするという良い側面だけではなく、悪い側面も持ち合わせていること**も知っておく必要があります。AIの社会的受容性を考えるELSI（Ethical、Legal and Social Issues、倫理的・法的・社会的な課題）や、AI社会原則（公平性、説明責任、透明性、人間中心の判断）、データバイアス／アルゴリズムバイアス、成果物に対する責任論について理解することで、AIを正しく活用できるようになります。

3-1-2 ╱ データリテラシー

データを適切に読み解き判断する力

　AI人材はAIリテラシーに加えて、**データを適切に読み解き、判断するスキル**を身につけておく必要があります。データを正しく読み解くことができないと、間違った解釈でAIの出力結果を業務に使ってしまうかもしれません。データリテラシーを身につけるためには、確率・統計に関する知識が必要になります。データの分布とばらつき、相関と因果の違い、母集団と標本などについて理解しておくことが求められます。

　また、**データを使って説明するスキル**も身につけておく必要があります。ビジネスの現場でAIを活用する際は、AIの出力結果を関係者にわかりやすく説明することが求められます。データを比較したり図解化したりするスキルを身につけることで、データを使って適切に説明できるようになります。この「AIリテラシー」と「データリテラシー」は、AI活用に関わるすべての人材が押さえておくべきスキルです。

3-1-3 ╱ AIプロジェクト遂行スキル

AIプロジェクトを協力して遂行する力

　AI人材は、AIリテラシー／データリテラシーに加えて、**AIプロジェクトを複数名で協力して遂行するスキル**も身につけておく必要があります。AIプロジェクトでは、次にどのようなタスクを実施するのかプロジェクトに関わる全員が理解し、お互いの活動を尊重しながらプロジェクトを遂行することが求められます。

　また、AIプロジェクトに参画するメンバーは、対象領域に関する**ドメイン知**

識（事業知識や業務知識）を身につけておく必要があります。ドメイン知識がないと、解決すべき課題を正しく理解することができません。ドメイン知識を身につけるためには、対象領域の事業モデル、業務内容、商慣習、主要なKPI／用語などについて学ぶ必要があります。

Column ▷ AIリテラシーとデータリテラシー

AI活用に関わるすべての人材が押さえておくべき「AIリテラシー」と「データリテラシー」は、数理・データサイエンス教育強化拠点コンソーシアムから公開されている『数理・データサイエンス・AI（リテラシーレベル）モデルカリキュラム〜データ思考の涵養〜』の中で定義されています。本書の「7-1 大学におけるリテラシー教育」で詳細に解説していますので確認してみてください。

3-2 AIプロジェクトマネージャーに求められるスキル

次に、それぞれのAI人材タイプにおける専門スキルについて確認しましょう。AIプロジェクトマネージャーは、AI人材の共通スキル（AIリテラシー／データリテラシー／AIプロジェクト遂行スキル）に加えて、12個の専門スキルを身につける必要があります。それぞれのフェーズで、どのような専門スキルが必要になるか見ていきましょう。

▶ AIプロジェクトマネージャーに求められる専門スキル

企画フェーズ

- AI企画を推進する力
- AIプロジェクトに必要なチームをデザインする力
- AIプロジェクトの実現可能性を判断する力
- AIプロジェクトを立ち上げる力
- AIプロジェクトの契約書をまとめる力

実証フェーズ

- AI実証を推進する力
- AIの導入を決断する力

導入フェーズ

- AI導入を推進する力
- 異なる専門性を持ったチームを取りまとめる力
- AIシステムのサービスインを判断する力

活用フェーズ

- AI活用を推進する力
- 継続的なAI活用につなげる力

3-2-1 企画フェーズにおけるAIプロジェクトマネージャーの専門スキル

企画フェーズにおいて、AIプロジェクトマネージャーには次ページの図にある5つの力が求められます。

AI活用のためのプロセス		求められる力	身につけるべきスキル／知識
企画	課題定義		
	プロジェクト推進	AI企画を推進する力	AI 企画におけるタイムマネジメント、リソースマネジメント、品質マネジメント、リスクマネジメント
	AI企画		
	推進体制設計	AIプロジェクトに必要なチームをデザインする力	AI プロジェクトにおける典型的なチームの構成理解、プロジェクトフェーズに応じたメンバーアサイン
	実現可能性判断	実現可能性判断	AIプロジェクトの実現可能性を判断する力	AIプロジェクトの実現可能性判断
	プロジェクト立ち上げ	プロジェクト立ち上げ	AIプロジェクトを立ち上げる力	AIプロジェクト立ち上げ、予算確保／交渉
			AIプロジェクトの契約書をまとめる力	AIプロジェクト契約

プロジェクト推進

AI企画を推進する力

　AIプロジェクトマネージャーは、**AI企画を滞りなく遂行するための推進力**が必要になります。プロジェクトの責任者として、**タイムマネジメント**、**リソースマネジメント**、**品質マネジメント**、**リスクマネジメント**を実施します。タイムマネジメントでは、スケジュール作成および進捗管理を行います。

　リソースマネジメントでは、プロジェクトメンバーおよび予算の適切な配分／管理を行います。品質マネジメントでは、アウトプットのチェックポイントを設け、企画書のレビュー／管理を行います。最後にリスクマネジメントでは、タスク遅延時の対応計画の策定や、関連部門／関係者に対するAIへの期待値コントロールを実施します。

　企画フェーズでは、AI（人工知能）という言葉の印象から、AIに対して過度な期待が寄せられます。AIで何でもできるというイメージが先行してしまうと、後から軌道修正することが難しくなります。AIプロジェクトマネージャーは経営層や現場部門などのプロジェクト関係者に対して、今のAIでできること／できないことを正しく伝え、**AIへの期待値をコントロールする役割**も担います。

AIプロジェクトに必要なチームをデザインする力

　推進体制設計では、**AIプロジェクトチームをデザインするスキル**が必要になります。AIプロジェクトマネージャーは、AIプロジェクトの典型的なチーム構成を理解した上で、今回のプロジェクトに必要なチーム構成を検討します。AIプロジェクトでは、プロジェクトフェーズごとに求められる専門性が異なるため、その点も加味してプロジェクトメンバーをアサインしなければなりません。社内で必要なメンバーが見つからない場合は、外部に委託することも含め検討します。

実現可能性判断

AIプロジェクトの実現可能性を判断する力

　AIプロジェクトマネージャーは、AI企画で検討した内容について、本当に**実現の可能性があるのか判断するスキル**が必要になります。最新の技術動向やAIを導入した場合の業務負荷、AI導入によるビジネス価値と導入コスト、求められる推進体制などを踏まえてAIプロジェクトの実現可能性を判断します。

　また、技術的な実現可能性があっても、**コンプライアンス**の観点から導入を見送る場合もあります。そのため、情報セキュリティに関する法令や企業のプライバシーポリシーについても理解しておかなければなりません。

プロジェクト立ち上げ

AIプロジェクトを立ち上げる力

　プロジェクト立ち上げでは、関連部門／関係者へプロジェクトの実行計画を説明し、AIプロジェクトを立ち上げる承認を得ます。AIプロジェクトの関係者は多岐にわたるため、**さまざまな領域・役職の人とコミュニケーションを図るスキル**が求められます。また、プロジェクト遂行に必要な予算を試算し、確保するための**交渉スキル**も必要になります。

AIプロジェクトの契約書をまとめる力

　プロジェクト立ち上げでは、AIプロジェクトの**契約書をまとめるスキル**も必要になります。プロジェクトの一部を外部に委託する場合、プロジェクトの成果物の権利について整理しておかなければなりません。

　AIに関する契約は専門的な知識が必要になるため、専門家の協力を得ながら

作成します。AIプロジェクトマネージャーは契約の専門家ではないため、契約書の作成については法務部などの専門家に依頼することが一般的です。その際、今回のプロジェクトで権利保護したい箇所はどこなのかを専門家に伝えられるように、法律について最低限の知識は身につけておく必要があります。

3-2-2／実証フェーズにおける AIプロジェクトマネージャーの専門スキル

実証フェーズにおいて、AIプロジェクトマネージャーには下図にある2つの力が求められます。

▶ 実証フェーズにおいてAIプロジェクトマネージャーに求められる専門スキル

AI活用のためのプロセス		求められる力	身につけるべきスキル／知識
実証	PoC計画		
	PoC	プロジェクト推進	AI実証を推進する力	AI実証における**タイムマネジメント**、リソースマネジメント、品質マネジメント、リスクマネジメント
	PoC結果報告		
	AI導入判断	AI導入判断	AIの導入を決断する力	PoC結果理解、AI導入判断

プロジェクト推進

AI実証を推進する力

AIプロジェクトマネージャーは、**AI実証を滞りなく遂行するための推進力**が必要になります。企画フェーズと同様に、プロジェクトの責任者として、タイムマネジメント、リソースマネジメント、品質マネジメント、リスクマネジメントを実施します。

実証フェーズでは、新しいテクノロジーであるAIを検証するため、試行錯誤の連続です。そのためPoCではスケジュール遅延が起きやすく、**タイムマネジメントスキル**が重要になります。またPoCでは、AIプランナー、AIエンジニア、システムエンジニアがそれぞれ検証を実施するため、最後にアウトプットをまとめる際に不整合が起こらないよう、PoC結果報告書の品質をコントロールするスキルも必要になります。

AIの導入を決断する力

　AI導入判断では、**時間と情報が限られた状況下で意思決定するスキル**が必要になります。AIプロジェクトマネージャーは、PoCで実施した4つの検証（AIモデル検証、業務検証、アーキテクチャ検証、ビジネス価値検証）の結果を総合的に判断し、AIシステムの導入に進むか否かを決定します。PoCでは、すべての業務パターンを網羅して検証できているわけではないため、一部の結果から全体を類推する力が必要になります。

3-2-3 ／ 導入フェーズにおける AIプロジェクトマネージャーの専門スキル

　導入フェーズにおいて、AIプロジェクトマネージャーには下図にある3つの力が求められます。

▶ 導入フェーズにおいてAIプロジェクトマネージャーに求められる専門スキル

AI活用のためのプロセス			求められる力	身につけるべきスキル／知識
導入	要件定義	プロジェクト推進	AI導入を推進する力	AI導入におけるタイムマネジメント、リソースマネジメント、品質マネジメント、リスクマネジメント
	システム設計			
	システム開発		異なる専門性を持ったチームを取りまとめる力	AIプロジェクト牽引、リーダーシップ
	総合テスト			
	サービスイン	サービスイン	AIシステムのサービスインを判断する力	AIシステムのサービスイン判断

AI導入を推進する力

　AIプロジェクトマネージャーは、**AI導入を滞りなく遂行するための推進力**が必要になります。企画フェーズ／実証フェーズと同様に、プロジェクトの責任者

として、タイムマネジメント、リソースマネジメント、品質マネジメント、リスクマネジメントを実施します。

導入フェーズでは、システム設計とシステム開発を行き来しながらアジャイル型で開発が行われます。一般的な大規模システム開発で用いられるウォーターフォール型での開発とはならないため、**アジャイル開発に対応したマネジメントスキル**が必要になります。

異なる専門性を持ったチームを取りまとめる力

導入フェーズでは、さまざまな専門性を持った多数のメンバーがプロジェクトに参画します。そのため、AIプロジェクトマネージャーは、**異なる専門性を持ったチームを取りまとめるスキル**が必要になります。業務システム、連携システム、分析システムの3つのシステムが不整合を起こさないように、それぞれの開発チームとタスクを調整しながら、チーム間で発生するトレードオフを解消していきます。それぞれのチームが思い思いに開発を進めてしまうと、同じような処理を二重で開発してしまうなど、不要な作業が多数発生してしまいます。そのような事態を引き起こさないために、AIプロジェクトマネージャーには複数のチームを取りまとめる**リーダーシップ**が求められます。

サービスイン

AIシステムのサービスインを判断する力

AIプロジェクトマネージャーは、プロジェクトの責任者として、AIシステムのサービスインを判断します。AIシステムはサービスインした後も、運用していく中で継続的に機能を強化していきます。そのため、サービスイン時に完璧を目指す必要がないことを理解した上で、**AIシステムを稼働させるかどうか判断するスキル**が必要になります。サービスイン時に満たすことができなかった要件については、活用フェーズへの申し送り事項として整理しておきます。

3-2-4 ／ 活用フェーズにおける AIプロジェクトマネージャーの専門スキル

活用フェーズにおいて、AIプロジェクトマネージャーには次ページの図にある2つの力が求められます。

▶ 活用フェーズにおいてAIプロジェクトマネージャーに求められる専門スキル

AI活用のためのプロセス	求められる力	身につけるべきスキル／知識
活用　AI業務活用 モニタリング　プロジェクト推進 システム運用	AI活用を推進する力	AI活用におけるタイムマネジメント、リソースマネジメント、品質マネジメント、リスクマネジメント
	継続的なAI活用につなげる力	AI活用組織マネジメント、AI活用人材育成

プロジェクト推進

AI活用を推進する力

　AIプロジェクトマネージャーは、**AI活用を滞りなく遂行するための推進力**が必要になります。他のフェーズと同様に、プロジェクトの責任者として、タイムマネジメント、リソースマネジメント、品質マネジメント、リスクマネジメントを実施します。活用フェーズにおいてAIシステムが止まってしまうと、業務担当者やエンドユーザーの作業に影響が出てしまうため、**AIシステムを安定的に運用するためのリスクマネジメントスキル**が重要になります。

　また活用フェーズでは、当初の想定通りAIを活用できているか定期的に確認し、必要に応じてAIモデルの見直しを行います。もし、入れ替えたAIモデルに問題があった場合は、一世代前のAIモデルに戻す作業（AIモデルの切り戻し）が必要になります。AIモデルの切り戻しが必要になった場合に、**各部門と連携しながら迅速に対応するスキル**も必要になります。

継続的なAI活用につなげる力

　AI活用を継続的に進めるためには、AI活用の推進体制を構築し、AI活用を行うメンバーを育成する必要があります。そのため、AIプロジェクトマネージャーは、**AI活用の評価・改善を行うための仕組を構築し運営するスキル**を身につけておかなければなりません。また、**AI活用を行う組織／メンバーの能力を把握し、スキル成長のための目標管理や育成を行うスキル**も必要になります。

3-3 AIプランナーに求められるスキル

AIプランナーは、AI人材の共通スキル（AIリテラシー／データリテラシー／AIプロジェクト遂行スキル）に加えて、13個の専門スキルを身につける必要があります。それぞれのフェーズで、どのような専門スキルが必要になるか見ていきましょう。

▶ AIプランナーに求められる専門スキル

企画フェーズ

- 課題をヒアリングし構造的に整理する力
- 課題を解決するための道筋をデザインする力
- AIを活用した業務／事業をデザインする力
- AI活用に必要なコストと得られる効果を試算する力

実証フェーズ

- PoCを計画する力
- PoCにかかる工数を見積もる力
- AIを活用した業務の実行可能性を見極める力
- AI活用に向けて現場を巻き込む力
- AI導入のビジネス価値を見極める力
- わかりやすく報告書をまとめる力

導入フェーズ

AIシステムを要件定義する力

活用フェーズ

- AI活用を現場に浸透させる力
- AI活用をモニタリングする力

3-3-1 ／ 企画フェーズにおけるAIプランナーの専門スキル

企画フェーズにおいて、AIプランナーには次ページの図にある4つの力が求められます。

▶ 企画フェーズにおいて AI プランナーに求められる専門スキル

AI活用のためのプロセス			求められる力	身につけるべきスキル／知識
	課題定義	課題定義	課題をヒアリングし構造的に整理する力	課題整理／優先順位付け、ヒアリング設計、論理的思考力
企画	AI企画	アプローチ設計	課題を解決するための道筋をデザインする力	シナリオプランニング、スコープ定義
		業務設計	AIを活用した業務／事業をデザインする力	ビジネスモデル／事業モデル理解、業務フロー整理、コンプライアンス遵守
		ビジネス価値設計	AI活用に必要なコストと得られる効果を試算する力	ビジネス価値試算、コスト見積もり

課題定義

課題をヒアリングし構造的に整理する力

　課題定義では、**業務担当者やエンドユーザーから業務課題を抽出するスキル**が必要になります。AIプランナーはヒアリング内容を設計し、議論をファシリテーションしながら課題を抽出します。課題を構造的に整理するためには、ドメイン知識と論理的思考力が求められます。論理的思考力は、MECEやロジックツリー、代表的なフレームワーク（3C、4P、5F、SWOT、PPMなど）について学ぶことで身につけます。

アプローチ設計

課題を解決するための道筋をデザインする力

　アプローチ設計では、**AIを活用した課題解決事例の理解と課題解決に向けたAI活用シナリオを作成するスキル**が必要になります。AIプランナーは対象とする課題に対して、業務的な観点からどのようにアプローチすれば解決につながるのか検討します。そのため、**AI活用の目標／ゴールを設定し、AI活用のスコープを定義するスキル**が求められます。

業務設計

AIを活用した業務／事業をデザインする力

　業務設計では、**AIを活用した業務モデル／事業モデルを設計するスキル**が必要になります。具体的な業務内容を設計するためには、業務フローやユースケース、KPIを整理するスキルが必要になります。またコンプライアンスを遵守する

ために、情報セキュリティに関する法令や、企業のプライバシーポリシーについても理解しておく必要があります。

ビジネス価値設計

AI活用に必要なコストと得られる効果を試算する力

　ビジネス価値設計では、**AI活用によって得られるビジネス価値と必要なコストを試算するスキル**が必要になります。AIプランナーは同業種や異業種におけるAI活用事例を参考にしながら、実際に調査することが難しい数字を論理的に概算する**フェルミ推定**などを使って、机上でビジネス価値と導入コストを試算します。

3-3-2／実証フェーズにおけるAIプランナーの専門スキル

　実証フェーズにおいて、AIプランナーには下図にある6つの力が求められます。

▶ 実証フェーズにおいてAIプランナーに求められる専門スキル

AI活用のためのプロセス			求められる力	身につけるべきスキル／知識
実証	PoC計画	PoC計画	PoCを計画する力	PoC計画策定
			PoCにかかる工数を見積もる力	工数見積もり
	PoC	業務検証	AIを活用した業務の実行可能性を見極める力	現場理解、業務検証
			AI活用に向けて現場を巻き込む力	現場コミュニケーション
		ビジネス価値検証	AI導入のビジネス価値を見極める力	ビジネス価値検証、費用対効果算出
	PoC結果報告	PoC結果報告	わかりやすく報告書をまとめる力	PoC報告書作成、データ倫理、数値チェック

PoC計画

PoCを計画する力

　PoC計画では、**PoCにおける評価の範囲、項目、スケジュール、アウトプット**

を検討するスキルが必要になります。AIプランナーは、AIによる課題解決の実現性を見極めるために、業務／ビジネス的な観点で検証内容を整理します。

PoCにかかる工数を見積もる力

　PoC計画では、**PoCに必要な人員、期間、コストを試算するスキル**も必要になります。AIプランナーは、業務検証およびビジネス価値検証に、どの程度の工数がかかるのか見積もります。

業務検証

AIを活用した業務の実行可能性を見極める力

　業務検証では、現場での業務プロセスや業務負荷を踏まえ、本当にAIを業務に組み込むことができそうか検証します。AIプランナーは、現場での業務の進め方や意思決定のやり方を理解し、**AI導入時の業務負荷を正しく把握するスキル**が必要になります。

AI活用に向けて現場を巻き込む力

　業務検証では、現場部門の協力が必要不可欠です。AIプランナーは現場を巻き込むために、**現場との適切なコミュニケーション作法**を身につけておく必要があります。AIの専門家と利用者という関係性ではなく、AIを一緒に活用していく仲間という姿勢でコミュニケーションを取ることが求められます。

ビジネス価値検証

AI導入のビジネス価値を見極める力

　ビジネス価値検証では、PoC結果に基づいてビジネス価値を試算し、費用対効果を算出します。AIプランナーは、ビジネス価値検証の結果を基に、**AIを導入することのビジネス価値を見極めるスキル**が必要になります。

PoC結果報告

わかりやすく報告書をまとめる力

　PoC結果報告では、**業務の専門家でなくてもわかるように報告書をまとめるスキル**が必要になります。AIプランナーは、PoCで実施した業務検証やビジネス価値検証の結果を、PoC報告書としてまとめます。また、AI導入のビジネス価

値を試算する役割を担うため、データのねつ造／改ざんを行わない**高い倫理観**と、計算ミスや数字の不整合に気付く**数字勘**が求められます。

3-3-3／導入フェーズにおけるAIプランナーの専門スキル

　導入フェーズにおいて、AIプランナーには**AIシステムを要件定義する力**が必要になります。

▶ 導入フェーズにおいてAIプランナーに求められる専門スキル

AI活用のためのプロセス		求められる力	身につけるべきスキル／知識
導入	要件定義	要件定義	AIシステムを要件定義する力	機能要件／非機能要件、要件定義書作成

[要件定義]

AIシステムを要件定義する力

　要件定義では、**AIシステムに関わる機能要件および非機能要件を整理するスキル**が必要になります。AIプランナーは、業務検証やビジネス価値検証の結果を基に、AIシステムの要件を定義します。要件定義は複数のメンバーで協力しながら作成するため、**専門性の異なるAIエンジニアやシステムエンジニアと整合性を取りながら要件定義書を作成するスキル**も必要になります。

3-3-4／活用フェーズにおけるAIプランナーの専門スキル

　活用フェーズにおいて、AIプランナーには、下図にある2つの力が必要になります。

▶ 活用フェーズにおいてAIプランナーに求められる専門スキル

AI活用のためのプロセス		求められる力	身につけるべきスキル／知識
活用	AI業務活用	現場適用	AI活用を現場に浸透させる力	AI活用ドキュメント整備、AI活用レクチャー、AI活用ナレッジ共有
	モニタリング	活用評価	AI活用をモニタリングする力	AI活用モニタリング、AI活用評価／改善

AI活用を現場に浸透させる力

　現場適用では、**AI活用のためのドキュメント／マニュアルを整備し、業務担当者やエンドユーザーに活用方法をレクチャーするスキル**が必要になります。AIプランナーは、AI活用ナレッジを共有するための仕組みを整備し、ナレッジ共有を加速させる役割を担います。

AI活用をモニタリングする力

　活用評価では、業務担当者やエンドユーザーがAIを活用できているか定期的に確認し、必要に応じてフォローアップを行います。AIプランナーは、AI導入の効果を測る業務評価指標を基に、**AIの活用内容を見直す必要があるか判断**します。AI活用内容の見直しがあった場合は、AI活用のためのドキュメント／マニュアルを更新し、現場に展開します。

3-4 AIエンジニアに求められるスキル

AIエンジニアは、AI人材の共通スキル（AIリテラシー／データリテラシー／AIプロジェクト遂行スキル）に加えて、22個の専門スキルを身につける必要があります。それぞれのフェーズで、どのような専門スキルが必要になるか見ていきましょう。

▶ AIエンジニアに求められる専門スキル

企画フェーズ

- 課題を解決するための道筋をデザインする力
- AIで解くべき課題か目利きする力
- 分析プロセスをデザインする力
- 適切なAIアルゴリズムを選択する力
- AIを活用するためのシステムをデザインする力

実証フェーズ

- PoCを計画する力
- PoCにかかる工数を見積もる力
- 必要なデータを収集する力
- 必要なデータがそろっているか判断する力
- 収集したデータを加工処理する力
- データを可視化する力
- AIモデルを開発する力
- AIモデルを評価／改善する力
- AIシステムのシステム諸元を見極める力
- わかりやすく報告書をまとめる力

導入フェーズ

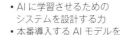

- AIシステムを要件定義する力
- AIに学習させるためのシステムを設計する力
- 本番導入するAIモデルを開発する力
- AIシステムをチューニングする力

活用フェーズ

- AI活用をモニタリングする力
- AIの更新／入れ替えを判断する力
- AIモデルを入れ替える力

3-4-1 ／ 企画フェーズにおける AIエンジニアの専門スキル

企画フェーズにおいて、AIエンジニアには次ページの図にある5つの力が求められます。

▶ 企画フェーズにおいてAIエンジニアに求められる専門スキル

AI活用のためのプロセス			求められる力	身につけるべきスキル／知識
企画	AI企画	アプローチ設計	課題を解決するための道筋をデザインする力	シナリオプランニング、スコープ定義
			AIで解くべき課題か目利きする力	AI技術
		分析プロセス設計	分析プロセスをデザインする力	データ理解、データ処理プロセス設計、データ解析プロセス設計
			適切なAIアルゴリズムを選択する力	AIモデル要件、AIアルゴリズム選択
		アーキテクチャ設計	AIを活用するためのシステムをデザインする力	AIシステム構成、アーキテクチャ設計

アプローチ設計
課題を解決するための道筋をデザインする力

　アプローチ設計では、**課題解決に向けたAI活用シナリオを作成するスキル**が必要になります。AIエンジニアは対象とする課題に対して、AI技術的な観点からどのようにアプローチすれば解決につながるのか検討し、AI活用のスコープを定義します。また、課題解決に向けたマイルストーンを設定し、AIの活用ステップを検討するスキルも求められます。

AIで解くべき課題か目利きする力

　アプローチ設計では、**対象とするビジネス課題が本当にAIで解くべき課題か目利きするスキル**も必要になります。AIエンジニアはAI技術の最新動向や、同業種・異業種におけるAI活用事例を踏まえ、AIで解くべき課題かどうか判断します。

分析プロセス設計
分析プロセスをデザインする力

　分析プロセス設計では、**対象となる分析データの特徴を踏まえ、分析プロセスをデザインするスキル**が必要になります。分析プロセス設計では、データ処理プロセスとデータ解析プロセスを設計します。AIエンジニアは、データ処理プロ

セスを設計するために、**データの収集処理、加工処理、分割処理、統合処理に関するスキル**を身につけておく必要があります。また、データ解析プロセスを設計するために、**データ解析およびデータ可視化に関するスキル**も必要になります。

適切なAIアルゴリズムを選択する力

　分析プロセス設計では、**AIモデル開発で用いるAIアルゴリズムを選択するスキル**も必要になります。AIエンジニアは、AIアルゴリズムの特徴や好んで使われるシーンを理解した上で、適切なAIアルゴリズムを選択します。それぞれのAIアルゴリズムが、数値予測で好んで使われるアルゴリズムなのか、多クラス分類で好んで使われるアルゴリズムなのかなどを理解した上で、AIモデルに求められる安定性や頑健性、解釈性、保守性について考慮し、適切なAIアルゴリズムを選びます。

> **アーキテクチャ設計**

AIを活用するためのシステムをデザインする力

　アーキテクチャ設計では、AIシステムとして採用するツールやプラットフォームを選定し、AIシステムの機能構成を検討します。AIエンジニアは、AIシステムにおける代表的なシステム構成（オンプレミス／クラウド／エッジ）を理解し、AI活用を実現するための**システム構成およびシステムロードマップを検討するスキル**を身につけておく必要があります。

3-4-2 ／ 実証フェーズにおけるAIエンジニアの専門スキル

　実証フェーズにおいて、AIエンジニアには次ページの図にある10個の力が求められます。

▶ 実証フェーズにおいてAIエンジニアに求められる専門スキル

AI活用のためのプロセス			求められる力	身につけるべきスキル／知識
実証	PoC計画	PoC計画	PoCを計画する力	PoC計画策定
			PoCにかかる工数を見積もる力	工数見積もり
	PoC	データ収集	必要なデータを収集する力	分析データ設計、分析データ入手
			必要なデータがそろっているか判断する力	分析データ観察、データアセスメント
		AIモデル検証	収集したデータを加工処理する力	構造化データ処理、非構造化データ処理
			データを可視化する力	データ可視化
			AIモデルを開発する力	データ解析、基礎数学、プログラミング
			AIモデルを評価／改善する力	AIモデル評価、AIモデル改善
		アーキテクチャ検証	AIシステムのシステム諸元を見極める力	AI技術検証、性能検証
	PoC結果報告	PoC結果報告	わかりやすく報告書をまとめる力	PoC報告書作成、データ倫理、数値チェック

PoC計画

PoCを計画する力

　PoC計画では、**PoCにおける評価の範囲、項目、スケジュール、アウトプットを検討するスキル**が必要になります。AIエンジニアは、AIによる課題解決の実現性を見極めるために、AI技術的な観点から検証内容を整理します。

PoCにかかる工数を見積もる力

　PoC計画では、**PoCに必要な人員、期間、コストを試算するスキル**も必要になります。AIエンジニアは、データ収集、AIモデル検証、アーキテクチャ検証に、どの程度の工数がかかるのか見積もります。

必要なデータを収集する力

　データ収集では、自社で保有する内部／外部データの整理を行い、AIモデルを開発するために必要なデータを収集します。AIエンジニアは、対象となるデータを収集するために、**データへのアクセス確保、データベース、スクレイピング、アノテーションに関するスキル**を身につけておく必要があります。

必要なデータがそろっているか判断する力

　データ収集では、**AIモデルを開発するために十分なデータがそろっているか判断するスキル**も必要になります。AIエンジニアは、分析目的に照らし合わせ、データの質および量の観点で、必要なデータがそろっているか判断します。

AIモデル検証

収集したデータを加工処理する力

　AIモデル検証では、AIモデル開発のために収集したデータを加工処理します。AIエンジニアは構造化データを加工するために、**フィルタリング処理、結合処理、クレンジング処理、マッピング処理、サンプリング処理、変換・演算処理に関するスキル**を身につけておく必要があります。また、非構造化データ（文章データ、画像データ、音声／音楽データ）を加工するために、**フォーマット変換処理や補正処理、ノイズ処理に関するスキル**も必要になります。

データを可視化する力

　AIエンジニアは、データの特徴を捉えデータの裏にある構造を推測するために、データを可視化します。データを可視化するためには、**2軸チャート化、多次元の可視化、関係性の可視化、地図上の可視化、挙動・軌跡の可視化、ダイナミックな可視化、リアルタイム可視化に関するスキル**を身につけておく必要があります。

AIモデルを開発する力

　AIモデルを設計／開発するためには、**データ解析、基礎数学、プログラミングに関するスキル**が必要になります。そのためAIエンジニアは、予測、検定／判断、グルーピング、性質・関係性の把握、時系列分析、パターン発見、グラフィカルモデル、シミュレーション／データ同化、最適化、機械学習技法（教師あり

学習、教師なし学習、深層学習、強化学習）などのデータ解析に関するスキルを身につけておく必要があります。

　またAIモデルを開発するためには、確率統計や線形代数、微分積分などの数学に関する基礎知識と、データ処理言語を使ったプログラミングスキルが必要になります。AIモデルの開発ではPythonが使われることが多いため、特にプロジェクトでの指定がない限り、Pythonを使ったプログラミングを最初に習得することになります。Pythonによるプログラミングを通して、データ構造とアルゴリズム、機械学習ライブラリーや深層学習フレームワークの使い方を身につけることができます。

AIモデルを評価／改善する力

　AIモデル検証では、AIモデルを評価／改善するスキルが必要になります。AIモデル検証では複数のAIモデルを開発し、その中から適切なAIモデルを選択します。AIエンジニアは適切なAIモデルを選択するために、**AIモデルの精度とビジネス面での有効性／妥当性を評価するスキル**を身につけておく必要があります。AIモデルの精度が思わしくない場合は、追加学習データを収集したり、AIアルゴリズムを変更したりして、精度の改善に努めます。

アーキテクチャ検証
AIシステムのシステム諸元を見極める力

　アーキテクチャ検証では、**AI関連技術を理解し機能検証や性能検証を実施するスキル**が必要になります。AIエンジニアは、クライアント技術やクラウド技術などを理解した上で、企画フェーズで検討したシステム構成で本当にAIシステムを運用できそうか検証します。また、AIシステムの運用を見据え、AIシステムに求められるシステム諸元や必要処理性能（スループット）を整理します。

PoC結果報告
わかりやすく報告書をまとめる力

　PoC結果報告では、**AIの専門家でなくてもわかるように報告書をまとめるスキル**が必要になります。AIエンジニアは、PoCで実施したデータ収集、AIモデル検証、アーキテクチャ検証の結果を、PoC報告書としてまとめます。また、直接、分析対象となるデータに触れる機会が多いことから、データのねつ造／改ざんを行わない**高い倫理観**と、集計ミスやデータ不整合に気付く**数字勘**が求められます。

3-4-3／導入フェーズにおけるAIエンジニアの専門スキル

　導入フェーズにおいて、AIエンジニアには下図にある4つの力が求められます。

▶ 導入フェーズにおいてAIエンジニアに求められる専門スキル

AI活用のためのプロセス		求められる力	身につけるべきスキル／知識
要件定義	要件定義	AIシステムを要件定義する力	機能要件／非機能要件、要件定義書作成
システム設計	分析システム設計	AIに学習させるためのシステムを設計する力	本番AIモデル設計、AIモデル入れ替え方針策定、AIの学習／推論環境設計、初期データ移行設計
システム開発	分析システム開発	本番導入するAIモデルを開発する力	AIの学習／推論環境構築、本番AIモデル開発
総合テスト	総合テスト	AIシステムをチューニングする力	総合テスト、パフォーマンスチューニング

（導入）

要件定義

AIシステムを要件定義する力

　要件定義では、**AIシステムに関わる機能要件および非機能要件を整理するスキル**が必要になります。AIエンジニアは、AIモデル検証やアーキテクチャ検証の結果を基に、分析システムの要件を定義します。要件定義は複数のメンバーで協力しながら作成するため、**専門性の異なるAIプランナーやシステムエンジニアと整合を取りながら要件定義書を作成するスキル**が必要になります。

分析システム設計

AIに学習させるためのシステムを設計する力

　分析システム設計では、本番導入するAIモデルを設計するとともに、運用時のAIモデル入れ替え方針を策定します。PoCにおけるAIモデル設計とは異なり、**日々の業務で運用することを想定した本番AIモデルを設計するスキル**が必要になります。移行設計では、本番AIモデルを開発することを見据えて必要となる初期移行対象データを選定します。

　またAIエンジニアは、AIに学習させるための環境（学習環境）およびAIが推論するための環境（推論環境）を設計します。分析システムにおける代表的な

システム構成を理解し、機能要件／非機能要件に基づき、**分析システムのハードウェア／ソフトウェア／通信環境をサイジングするスキル**も必要になります。

本番導入するAIモデルを開発する力

　分析システム開発では、AIの学習環境／推論環境を構築し、本番導入するAIモデルを開発します。本番AIモデルの開発は、対象とする業務領域や取り扱うデータの範囲が広くなるため精度問題や性能問題が起こりやすく、**AIモデルの分割や学習の効率化など工夫するスキル**が必要になります。AIエンジニアは、活用フェーズで一定期間運用することを見据えて本番AIモデルを開発します。

AIシステムをチューニングする力

　総合テストでは、システムエンジニアと協力しながら業務システム、連携システム、分析システムを連動させたテストを実施します。AIエンジニアは、AIシステム全体を通した負荷テストを行い、**本番AIモデルをチューニングするスキル**が必要になります。

3-4-4／活用フェーズにおけるAIエンジニアの専門スキル

　活用フェーズにおいて、AIエンジニアには下図にある3つの力が求められます。

▶ 活用フェーズにおいてAIエンジニアに求められる専門スキル

AI活用のためのプロセス			求められる力	身につけるべきスキル／知識
活用	モニタリング	活用評価	AI活用をモニタリングする力	AI活用モニタリング、AI活用評価／改善
		AI改善	AIの更新／入れ替えを判断する力	AIモデル更新／入れ替え判断
			AIモデルを入れ替える力	AIモデル更新／入れ替え、AIモデル切り戻し

AI活用をモニタリングする力

　活用評価では、AIの出力結果を定期的に確認し、必要に応じてAIの活用内容を見直します。AIエンジニアは、**モニタリング対象として設定した業務評価指標や精度評価指標から、AIモデルの劣化状況を見極めるスキル**が必要になります。

AIの更新／入れ替えを判断する力

　AI改善では、AIモデルに影響を与えそうな情報を収集し、AIモデルの更新／入れ替えの必要性を判断します。AIエンジニアは、**業務内容の変更やAIモデルの劣化状況を基に、AIの更新／入れ替えを判断するスキル**が必要になります。

AIモデルを入れ替える力

　AI改善では、**AIモデルの更新／入れ替えに伴うタスクおよび承認プロセスを理解し、滞りなくAIモデルを入れ替えるスキル**も必要になります。AIエンジニアは、AIモデルを更新するための最新データを収集し、AIモデルの更新／入れ替えを行います。入れ替えたAIモデルに問題があった場合は、迅速にAIモデルの切り戻しを行います。

3-5 システムエンジニアに求められるスキル

　システムエンジニアは、AI人材の共通スキル（AIリテラシー／データリテラシー／AIプロジェクト遂行スキル）に加えて、17個の専門スキルを身につける必要があります。それぞれのフェーズで、どのような専門スキルが必要になるか見ていきましょう。

▶ システムエンジニアに求められる専門スキル

企画フェーズ

AIを活用するためのシステムをデザインする力

実証フェーズ

- PoC を計画する力
- PoC にかかる工数を見積もる力
- 必要なデータを収集する力
- AI システムのシステム諸元を見極める力
- わかりやすく報告書をまとめる力

導入フェーズ

- AI システムを要件定義する力
- AI を活用する人の目線でUI 設計する力
- データ処理プロセスを設計する力
- 適切なデータ処理技術／蓄積技術を選択する力
- AI を活用するためのUI を開発する力
- データ連携システムを開発する力
- AI システムをチューニングする力

活用フェーズ

- AI活用をモニタリングする力
- AIシステムを増強する力
- イレギュラーデータに対応する力
- AIが実装されたシステムを運用する力

3-5-1 ／ 企画フェーズにおけるシステムエンジニアの専門スキル

　企画フェーズにおいて、システムエンジニアには**AIを活用するためのシステムをデザインする力**が必要になります。

▶企画フェーズにおいてシステムエンジニアに求められる専門スキル

AI活用のためのプロセス			求められる力	身につけるべきスキル/知識
企画	AI企画	アーキテクチャ設計	AIを活用するためのシステムをデザインする力	AIシステム構成、アーキテクチャ設計

アーキテクチャ設計

AIを活用するためのシステムをデザインする力

　アーキテクチャ設計では、AIシステムとして採用するツールやプラットフォームを選定し、AIシステムの機能構成を検討します。システムエンジニアは、**AIシステムにおける代表的なシステム構成を理解し、AI活用を実現するための業務/連携システムの機能構成を検討するスキル**を身につけておく必要があります。また、専門性の異なるAIエンジニアと協力して、AIシステムの**ハードウェア/ソフトウェア/通信環境を検討するスキル**も必要になります。

3-5-2 ／ 実証フェーズにおけるシステムエンジニアの専門スキル

　実証フェーズにおいて、システムエンジニアには下図にある5つの力が求められます。

▶実証フェーズにおいてシステムエンジニアに求められる専門スキル

AI活用のためのプロセス			求められる力	身につけるべきスキル/知識
実証	PoC計画	PoC計画	PoCを計画する力	PoC計画策定
			PoCにかかる工数を見積もる力	工数見積もり
	PoC	データ収集	必要なデータを収集する力	分析データ設計、分析データ入手
		アーキテクチャ検証	AIシステムのシステム諸元を見極める力	AI技術検証、性能検証
	PoC結果報告	PoC結果報告	わかりやすく報告書をまとめる力	PoC報告書作成、データ倫理、数値チェック

PoC を計画する力

　PoC 計画では、**PoC における評価の範囲、項目、スケジュール、アウトプットを検討するスキル**が必要になります。システムエンジニアは、AI による課題解決の実現性を見極めるために、システム的な観点で検証内容を整理します。

PoC にかかる工数を見積もる力

　PoC 計画では、**PoC に必要な人員、期間、コストを試算するスキル**も必要になります。システムエンジニアは、データ収集およびアーキテクチャ検証にどの程度の工数がかかるのか見積もります。

必要なデータを収集する力

　データ収集では、複数のシステムから AI モデルを開発するためのデータを抽出します。システムエンジニアは、**異なるシステムプラットフォームで運用されているデータソースから、AI モデル開発に必要なデータを入手するスキル**が必要になります。

AI システムのシステム諸元を見極める力

　アーキテクチャ検証では、**AI 関連技術を理解し機能検証や性能検証を実施するスキル**が必要になります。システムエンジニアは、データ蓄積技術、分散処理技術、通信技術、コンテナ技術、暗号化技術などを理解した上で、企画フェーズで検討したシステム構成で本当に AI システムを運用できそうか検証します。

わかりやすく報告書をまとめる力

　PoC 結果報告では、**システムの専門家でなくてもわかるように報告書をまとめるスキル**が必要になります。システムエンジニアは、PoC で実施したデータ収集、アーキテクチャ検証の結果を、PoC 報告書としてまとめます。また、直接、分析対象となるデータに触れる機会が多いことから、データのねつ造／改ざんを行わない**高い倫理観**と、集計ミスやデータ不整合に気付く**数字勘**が求められます。

3-5-3／導入フェーズにおけるシステムエンジニアの専門スキル

導入フェーズにおいて、システムエンジニアには下図にある7つの力が求められます。

▶導入フェーズにおいてシステムエンジニアに求められる専門スキル

AI活用のためのプロセス			求められる力	身につけるべきスキル／知識
導入	要件定義	要件定義	AIシステムを要件定義する力	機能要件／非機能要件、要件定義書作成
	システム設計	業務システム設計	AIを活用する人の目線でUI設計する力	業務プロセス設計、UI設計
		連携システム設計	データ処理プロセスを設計する力	データソース分析、データモデリング、データ加工処理設計、データ統合処理設計、データ保持方針策定、ジョブ設計、イベントトリガー設計、システム運用設計
			適切なデータ処理技術／蓄積技術を選択する力	データ処理技術選択、データ蓄積技術選択
	システム開発	業務システム開発	AIを活用するためのUIを開発する力	業務システム構築、UI開発
		連携システム開発	データ連携システムを開発する力	データ連携基盤構築、データ加工処理開発、データ統合処理開発、イレギュラーデータ処理開発、ジョブ開発
	総合テスト	総合テスト	AIシステムをチューニングする力	総合テスト、パフォーマンスチューニング

> 要件定義

AIシステムを要件定義する力

要件定義では、**AIシステムに関わる機能要件および非機能要件を整理するスキル**が必要になります。システムエンジニアはアーキテクチャ検証の結果を基に、業務システム／連携システムの要件を定義します。システム運用に関する要件は、開発するAIシステムのITセキュリティやデータ管理ポリシーを踏まえ定義します。要件定義は複数のメンバーで協力しながら作成するため、**専門性の異なるAIプランナーやAIエンジニアと整合性を取りながら要件定義書を作成するスキル**が必要になります。

AIを活用する人の目線でUI設計する力

　業務システム設計では、AIを活用する業務プロセスを理解した上で、**業務担当者やエンドユーザーの目線でUIを設計するスキル**が必要になります。システムエンジニアは、AI出力結果の典型的な表示パターンを理解した上で、AIを活用するための画面レイアウト／画面遷移図を設計します。また、業務担当者やエンドユーザーが利用するカメラやマイクなどの入出力システムを設計します。

データ処理プロセスを設計する力

　連携システム設計では、**データソースを分析し、AIシステムに実装するデータ加工処理を設計するスキル**が必要になります。システムエンジニアは、データのコード体系や発生タイミング、保持期間を整理し、ER図やデータフロー図を作成します。また、業務システムと分析システムを連携させるためのジョブ実行スケジュール（バッチ実行スケジュール）やイベントトリガーの設計、AIシステムの運用設計を行います。

適切なデータ処理技術／蓄積技術を選択する力

　連携システム設計では、**適切なデータ処理技術／蓄積技術を選択するスキル**も必要になります。システムエンジニアは、AIシステムで処理するデータの特性に応じて、データ取得技術、データ変換技術、データ出力技術、データ配信技術を選択します。また、AIシステムに蓄積するデータの規模に応じて、リレーショナルデータベース、DWH、分散処理技術、NoSQLの中から適切なデータ蓄積技術を選択します。

AIを活用するためのUIを開発する力

　業務システム開発では、**AIを活用するためのUIを開発するスキル**が必要になります。システムエンジニアは、業務担当者やエンドユーザーがAIを活用するための画面や帳票、入出力システムの開発を行います。また、AIの活用結果を分析システムへフィードバックするための機能を開発します。

データ連携システムを開発する力

　連携システム開発では、構造化／非構造化データの加工処理を開発するとともに、AIシステムの監視処理、ジョブ実行処理、バックアップ／リカバリー処理を実装します。システムエンジニアは、**異なるコード体系／フォーマットが混在する複数システムのデータを統合するスキル**を身につけておく必要があります。また、データソースの業務諸元について理解し、**イレギュラーデータが連携された場合の例外処理を開発するスキル**も必要になります。

AIシステムをチューニングする力

　総合テストでは、AIエンジニアと協力しながら業務システム、連携システム、分析システムを連動させたテストを実施します。システムエンジニアは、AIシステム全体を通した負荷テストを行い、**AIシステム全体でパフォーマンスをチューニングするスキル**を身につけておく必要があります。**パフォーマンスチューニング**は部分最適ではなく、全体最適という目線でチューニングを行います。

3-5-4 ／活用フェーズにおけるシステムエンジニアの専門スキル

　活用フェーズにおいて、システムエンジニアには下図にある4つの力が求められます。

▶ 活用フェーズにおいてシステムエンジニアに求められる専門スキル

AI活用のためのプロセス			求められる力	身につけるべきスキル／知識
活用	モニタリング	活用評価	AI活用を モニタリングする力	AI活用モニタリング、AI活用評価／改善
		システム改善	AIシステムを増強する力	AIシステム機能追加、 AIシステムリソース追加
	システム運用	システム運用	イレギュラーデータに 対応する力	イレギュラーデータ対応
			AIが実装された システムを運用する力	システム監視、データ管理、ITセキュリティ

AI活用をモニタリングする力

　活用評価では、定期的にAIシステムの利用ユーザー数やトランザクション数を確認し、業務システム、連携システム、分析システムの見直しを検討します。システムエンジニアは、AIシステムの利用状況やAI活用部門からのフィードバックを踏まえ、**AIシステムの見直しが必要か判断するスキル**が必要になります。

AIシステムを増強する力

　システム改善では、**運用中のAIシステムに機能を追加するスキル**が必要になります。システムエンジニアは、AIシステムの利用状況に合わせて、ハードウェア／ソフトウェア／通信環境を増強するとともに、AI活用部門からの要望に基づき、業務システム、連携システム、分析システムの機能を強化します。

イレギュラーデータに対応する力

　システム運用では、**イレギュラーデータが発生した場合に対応するスキル**が必要になります。システムエンジニアは、AIの学習／推論における処理内容を理解した上でイレギュラーデータを監視し、イレギュラーデータ発生時には適切な対応を行えるよう準備しておきます。もしAIシステムに実装した例外処理で対応できないイレギュラーデータが発生してしまった場合は、人手による補正を行い、AIシステムを復旧させます。

AIが実装されたシステムを運用する力

　システム運用では、**システム監視、データ管理、ITセキュリティに関するスキル**が必要になります。システムエンジニアは、業務担当者やエンドユーザーに滞りなくAIを活用してもらうために、障害発生時のダウンタイムを短くし、迅速にリカバリー処理を実施する必要があります。また、AIシステムに関する利用者からの問い合わせがあった際には、システムエンジニアが対応することになるため、AIシステムの全体像を把握しておくことが求められます。

3-6 AIユーザーに求められるスキル

　AIユーザーは、AI人材の共通スキル（AIリテラシー／データリテラシー）に加えて、AIシステムを使いこなし活用する力を身につける必要があります。

▶ 活用フェーズにおいてAIユーザーに求められるスキル

AI活用のためのプロセス			求められる力	身につけるべきスキル／知識
活用	AI業務活用	業務遂行	AIシステムを使いこなし活用する力	AIシステム活用、AI出力結果理解、AIへのフィードバック

業務遂行

AIシステムを使いこなし活用する力

　AIを活用した業務を遂行するためには、**AIシステムを使いこなすスキル**が必要になります。AIユーザーは、AIシステムの操作方法や活用方法を習得し、業務の中で活用するスキルを身につけておく必要があります。またAIユーザーは、AIシステムを活用する中で修正した内容や、間違っていると判断した内容をAIへフィードバックし、AIを改善していく役割も担います。AIの学習／推論に関する基本的な仕組みを理解し、**AIが出力した結果を鵜呑みにせず、業務的な観点で妥当性を判断するスキル**も必要になります。

第 3 章 ＜まとめ＞

この章で見てきたように、AI人材に求められるスキルは多岐にわたります。それぞれの人材タイプで必要となるスキルは異なるため、育成方法についてもAI人材タイプごとに検討する必要があります。

▶ AI人材に求められるスキル

AI人材の共通スキル

AI活用に関わるすべての人材が押さえておくべきスキル

- AIリテラシー：AIができることを理解し、正しく活用する力
- データリテラシー：データを適切に読み解き判断する力
- AIプロジェクト遂行スキル：AIプロジェクトを協力して遂行する力

AI人材タイプごとの専門スキル

- AIプロジェクトマネージャー：AIプロジェクトを推進し、必要なタイミングで意思決定する力
- AIプランナー：AIを活用した業務／事業をデザインし、現場に浸透させる力
- AIエンジニア：分析プロセスをデザインし、本番導入するAIモデルを開発する力
- システムエンジニア：AIを活用するためのシステムを開発し、安定的に運用する力
- AIユーザー：AIシステムを使いこなし活用する力

Column 〉データサイエンティスト協会
データサイエンティスト　スキルチェックリスト

　一般社団法人データサイエンティスト協会では、データサイエンティストに必要とされるスキルをまとめた「**データサイエンティストのためのスキルチェックリスト**」を公開しています。本スキルチェックリストは定期的に更新が行われており、最新版は2019年10月30日に公開された「スキルチェックリスト ver3.01」となります。筆者もスキル定義委員として、本スキルチェックリストの作成に携わっています。

　データサイエンティスト協会では、データサイエンティストに必要なスキルを、「**ビジネス力**」、「**データサイエンス力**」、「**データエンジニアリング力**」の3つに分け定義しています。「スキルチェックリスト ver3.01」では、ビジネス力に関するスキルを113個、データサイエンス力に関するスキルを271個、データエンジニアリング力に関するスキルを144個、3つのスキルを合わせて合計528個のスキルを定義しています。かなり詳細にスキルを定義しているので、興味がある方は本スキルチェックリストを確認してみてください。

▶ データサイエンティスト スキルチェックリスト

<table>
<tr><th colspan="8">スキルカテゴリー一覧</th></tr>
<tr><td rowspan="20">データサイエンス力</td><td>1</td><td>基礎数学</td><td>24</td><td rowspan="8">データエンジニアリング力</td><td>1</td><td>環境構築</td><td>28</td></tr>
<tr><td>2</td><td>予測</td><td>23</td><td>2</td><td>データ収集</td><td>18</td></tr>
<tr><td>3</td><td>検定／判断</td><td>7</td><td>3</td><td>データ構造</td><td>11</td></tr>
<tr><td>4</td><td>グルーピング</td><td>12</td><td>4</td><td>データ蓄積</td><td>18</td></tr>
<tr><td>5</td><td>性質・関係性の把握</td><td>15</td><td>5</td><td>データ加工</td><td>14</td></tr>
<tr><td>6</td><td>サンプリング</td><td>5</td><td>6</td><td>データ共有</td><td>15</td></tr>
<tr><td>7</td><td>データ加工</td><td>15</td><td>7</td><td>プログラミング</td><td>24</td></tr>
<tr><td>8</td><td>データ可視化</td><td>38</td><td>8</td><td>ITセキュリティ</td><td>16</td></tr>
<tr><td>9</td><td>分析プロセス</td><td>4</td><td colspan="2">項目（スキル）数</td><td>144</td></tr>
<tr><td>10</td><td>データの理解・検証</td><td>23</td><td rowspan="10">ビジネス力</td><td>1</td><td>行動規範</td><td>15</td></tr>
<tr><td>11</td><td>意味合いの抽出、洞察</td><td>4</td><td>2</td><td>契約・権利保護</td><td>9</td></tr>
<tr><td>12</td><td>機械学習技法</td><td>39</td><td>3</td><td>論理的思考</td><td>16</td></tr>
<tr><td>13</td><td>時系列分析</td><td>9</td><td>4</td><td>着想・デザイン</td><td>7</td></tr>
<tr><td>14</td><td>言語処理</td><td>16</td><td>5</td><td>課題の定義</td><td>17</td></tr>
<tr><td>15</td><td>画像・動画処理</td><td>10</td><td>6</td><td>データ入手</td><td>3</td></tr>
<tr><td>16</td><td>音声／音楽処理</td><td>6</td><td>7</td><td>ビジネス観点のデータ理解</td><td>6</td></tr>
<tr><td>17</td><td>パターン発見</td><td>3</td><td>8</td><td>分析評価</td><td>3</td></tr>
<tr><td>18</td><td>グラフィカルモデル</td><td>4</td><td>9</td><td>事業への実装</td><td>7</td></tr>
<tr><td>19</td><td>シミュレーション／データ同化</td><td>5</td><td>10</td><td>活動マネジメント</td><td>30</td></tr>
<tr><td>20</td><td>最適化</td><td>9</td><td colspan="2">項目（スキル）数</td><td>113</td></tr>
<tr><td colspan="2">項目（スキル）数</td><td>271</td><td colspan="4"></td></tr>
<tr><td colspan="6">項目（スキル）数合計</td><td>528</td></tr>
</table>

出典：一般社団法人 データサイエンティスト協会『データサイエンティスト スキルチェックリスト ver3.01』
https://www.datascientist.or.jp/common/docs/skillcheck_ver3.00.pdf

第 **4** 章

AI人材の
育成施策

第4章では、AI人材の育成方法について解説します。まず4-1で、10種類の AI人材の育成施策の概要を説明しながら、AI人材の育成手順を紹介します。 次に4-2では、座学、グループワーク、マシン演習、知識補完の実施内容およ び期待効果について解説します。続いて4-3では、PBL（Project Based Learning）演習、プロトタイプ開発、アイデアソン、分析コンテストについて 解説します。最後に4-4では、OJT（On-the-Job Training）および継続学習に ついて解説します。本章を読むことによって、AI人材の育成施策と育成手順 を理解することができます。

▶第4章の構成

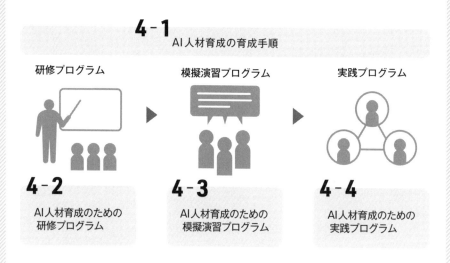

4-1 AI人材の育成手順

AI人材を育成するための10の施策

まず、AI人材を育成するための施策について確認しておきましょう。AI人材を育成するためには、3つのプログラムに取り組む必要があります。AIを活用するための知識を学ぶ「**研修プログラム**」、研修で学んだ知識を自らのスキルとして定着させる「**模擬演習プログラム**」、模擬演習で習得したスキル／知識を実際のAIプロジェクトで活用し、実践力を身につける「**実践プログラム**」です。

AI人材の育成手順

AI人材育成の王道は、座学から始まり、グループワーク、マシン演習、PBL演習、プロトタイプ開発を経てOJTに進むルートです。AI人材タイプによって、マシン演習やプロトタイプ開発をスキップしたりしますが、概ねこの6つの育成施策を組み合わせてAI人材の育成を行います。6つの育成施策で習得しきれなかったスキル／知識をカバーするために、知識補完、アイデアソン、分析コンテスト、継続学習を活用します。

▶ AI人材の育成手順

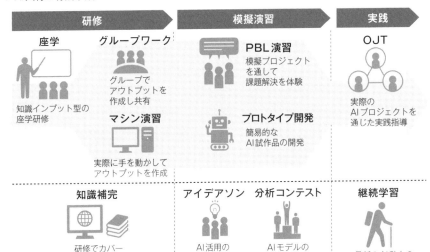

スキル／知識の習得レベル

　スキル／知識の習得には、4段階のレベルがあります。1段目は、ある知識について知っている（「**知る**」）というレベルです。次に2段目は、その知識について理解している（「**わかる**」）というレベル、3段目は、その知識を使ってタスクを遂行できる（「**できる**」）というレベルで、最後の4段目はその知識を他の人に教えることができる（「**教える**」）というレベルです。AI人材育成においては、3段目の「できる」状態を目指して育成を行います。

　例えば、機械学習に関するスキルを習得するケースで考えてみましょう。まず、**座学研修**を受けることによって、機械学習に関する概要を「知る」ことができます。しかし、概要を知っただけでは、AI活用の現場では役に立たないため、機械学習の特徴や用途、使い方について理解する必要があります。「知る」から「わかる」に習得レベルを引き上げるためには、**研修で学んだ知識を実際に使ってみること**が重要です。研修でインプットされた知識を、頭の中で整理して使ってみることにより、「わかる」レベルに到達することができます。

　この「知る」と「わかる」の間をつなぐのが、グループワークおよびマシン演習です。AI人材は知識を知っているだけではなく、理解していることが求められます。そのため、AI人材育成に関わる研修プログラムでは、座学は少なめにし、このグループワークやマシン演習を中心に構成することが一般的です。

　次に、AIプロジェクトのタスクを遂行できるようになるためには、どうすればよいか考えてみましょう。タスクを実行するためには、機械学習を使いこなすスキルが必要になります。この**「わかる」と「できる」の間にある大きな壁を越えること**が、育成において注力すべきポイントです。「わかる」から「できる」に習得レベルを引き上げるためには、模擬演習や実践を通して、何度もアウトプットを作成してみる必要があります。適切な指導の下、何度もアウトプットを作成することによって、機械学習を使いこなすスキルを身につけることができます。この「わかる」と「できる」の間をつなぐのが、PBL演習、プロトタイプ開発、アイデアソン、分析コンテストです。これらの模擬演習を通して、研修で学んだ知識を実際に使えるスキルとして定着させます。

　さらに、身につけたスキルを実践の場で活用することによって、応用力を習得します。実際のAIプロジェクトでは、単独の技術だけで課題解決につなげることは難しく、さまざまな知識と技術を総動員して実課題に立ち向かう必要があります。この実課題を解くサバイバルスキルを身につけるために、OJTを活用し

▶ 育成施策とスキル／知識の習得レベル

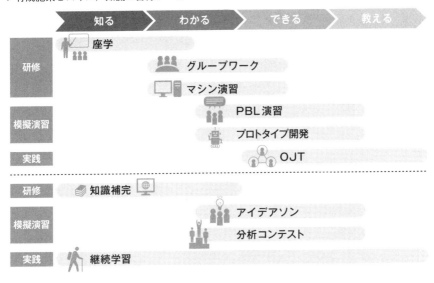

ます。OJTでは、熟練者による指導の下、実際のプロジェクトを経験することによって、実践力や応用力を身につけます。

　最後に、機械学習について他の人に教えられるようになれば、より深くスキル／知識を身につけていると判断できます。他の人に教えるためには、正確に機械学習について理解しておく必要があるからです。「できる」から「教える」に習得レベルを引き上げるためには、**模擬演習や実践の中で学んだ情報をメンバーに共有していくこと**が重要です。自身が習得したスキル／知識を積極的に共有することによって、自らの頭の中も整理され、機械学習を「教える」ことができるレベルに到達します。

4-2 AI人材育成のための研修プログラム

　AI人材育成における**研修プログラム**の実施内容および期待効果について確認しましょう。第3章で見てきた通り、AI人材には幅広いスキル／知識が求められます。必要となるスキル／知識はAI人材タイプによって異なりますが、どの人材タイプもこの研修プログラムを通じて必要な知識を習得します。

▶ AI人材育成のための研修プログラム

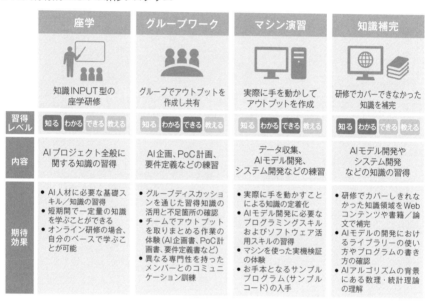

	座学	グループワーク	マシン演習	知識補完
	知識INPUT型の座学研修	グループでアウトプットを作成し共有	実際に手を動かしてアウトプットを作成	研修でカバーできなかった知識を補完
習得レベル	知る わかる できる 教える	知る わかる できる 教える	知る わかる できる 教える	知る わかる できる 教える
内容	AIプロジェクト全般に関する知識の習得	AI企画、PoC計画、要件定義などの練習	データ収集、AIモデル開発、システム開発などの練習	AIモデル開発やシステム開発などの知識の習得
期待効果	● AI人材に必要な基礎スキル／知識の習得 ● 短期間で一定量の知識を学ぶことができる ● オンライン研修の場合、自分のペースで学ぶことが可能	● グループディスカッションを通じた習得知識の活用と不足箇所の確認 ● チームでアウトプットを取りまとめる作業の体験(AI企画書、PoC計画書、要件定義書など) ● 異なる専門性を持ったメンバーとのコミュニケーション訓練	● 実際に手を動かすことによる知識の定着化 ● AIモデル開発に必要なプログラミングスキルおよびソフトウェア活用スキルの習得 ● マシンを使った実機検証の体験 ● お手本となるサンプルプログラム(サンプルコード)の入手	● 研修でカバーしきれなかった知識領域をWebコンテンツや書籍／論文で補完 ● AIモデルの開発におけるライブラリーの使い方やプログラムの書き方の確認 ● AIアルゴリズムの背景にある数理・統計理論の理解

4-2-1 ／座学

必要な知識を座学形式で学ぶプログラム

　AI人材育成の第一歩は、**座学研修**から始まります。座学研修は、短期間で大量の知識を教える場合に向いています。AI人材は幅広い知識を学ぶ必要があるため、まずは座学研修で知識を習得します。座学研修は、テーマごとに半日〜2日程度の期間で実施され、講師による「事例説明」、「技術説明」、「理論説明」が中心となります。講義の途中あるいは最後に、Q&Aや試験を実施し受講者の理

解度を測ります。

　最近では、座学研修をオンラインで提供する企業が増えています。オンライン研修にすることによって、大人数への研修の提供が可能になるとともに、受講者の都合に合わせた学習が実現できるようになりました。AI人材が学ぶべき知識は膨大なため、こまめに学習時間を確保しながら、少しずつ学んでいくスタイルが流行り始めています。

＜AI人材育成における座学＞
- 期間：半日〜2日程度
- 参加人数：数十〜百名程度（研修教室の広さに依存）
　　　　　　※オンライン研修の場合は大人数での受講が可能
- 実施内容：AIプロジェクト全般に関する知識の習得
- 対象人材：AIプロジェクトマネージャー、AIプランナー、AIエンジニア、
　　　　　　システムエンジニア、AIユーザー
- 期待される効果：
　AI人材に必要な基礎スキル／知識の習得
　短期間で一定量の知識を学ぶことができる
　※オンライン研修の場合、自分のペースで学ぶことが可能

AI人材育成における座学例

例1）AIリテラシー座学研修［研修期間：1日］

　「AIリテラシー」を身につけるための座学研修です。AIリテラシーは、AI人材の共通スキルであるため、すべてのAI人材が受講対象者になります。AIに詳しくない受講者も参加するため、基本的な内容からスタートする必要があります。AIを活用した新しいビジネスモデルや、身近なAIの利活用事例を中心に、AIを正しく活用するための知識を学びます。最後に理解度を確認するための課題レポートを提出し、学んだ内容に対する理解を深めます。

例2）AIプロジェクト遂行座学研修［研修期間：1日］

　「AIプロジェクトにおけるタスクの進め方や留意事項」について理解するための座学研修です。AIプロジェクトでは、複数のAI人材が協力しながらタスクを遂行します。そのため、プロジェクトに関わるメンバー全員が、次にどのような

タスクを実施するのか理解しておく必要があります。本研修は、AIプロジェクトに関わるAIプロジェクトマネージャー、AIプランナー、AIエンジニア、システムエンジニアが受講対象者になります。AIを活用するためのタスクの全体像を学ぶことによって、AIプロジェクトの進め方を理解します。

4-2-2 ／グループワーク

グループでアウトプットを取りまとめる作業を体験するプログラム

　AI人材育成では、知識インプット型の座学研修だけではなく、アウトプット型の研修プログラムも準備する必要があります。**グループワーク**の中で実際に知識を活用してみることによって、座学研修で学んだ知識に対する理解を深めます。グループワークでは、ケーススタディを通してチームでアウトプットを取りまとめる作業を体験します。

　このグループワークは、**異なる専門性を持ったメンバーとのコミュニケーション訓練**も兼ねています。実際のAIプロジェクトでは、AIプランナー、AIエンジニア、システムエンジニアなど、さまざまな専門性を持ったメンバーと協力しながらプロジェクトを進める必要があります。同じテーマをディスカッションした場合でも、それぞれの視点から多様な意見が出てくるので、それぞれの意見を尊重しながら最終的な結論を導き出します。グループごとにアウトプットを発表し、研修講師および受講者から発表に対する意見をもらいます。この発表を通じて、グループワーク受講者はドキュメンテーションスキルやプレゼンテーションスキルを身につけることができます。

▶ グループワークの進め方

＜AI人材育成におけるグループワーク＞
- 期間：半日〜3日程度
- 参加人数：20〜50名程度（3〜5名×グループ数）

- 実施内容：AI企画、PoC計画、要件定義などの練習
- 対象人材：AIプロジェクトマネージャー、AIプランナー、AIエンジニア、システムエンジニア、AIユーザー
- 期待される効果：

  グループディスカッションを通じた習得知識の活用と不足箇所の確認

  チームでアウトプットを取りまとめる作業の体験（AI企画書、PoC計画書、要件定義書など）

  異なる専門性を持ったメンバーとのコミュニケーション訓練

AI人材育成におけるグループワーク例

例1）アプローチ設計グループワーク［研修期間：半日］

　企画フェーズにおける「アプローチ設計」を体験するためのグループワークです。受講対象者はAIプランナーおよびAIエンジニアです。受講者を3〜5名のチームに分け、与えられたビジネス課題の解決方法をチームごとに検討します。

　それぞれのチームには、AIプランナーとAIエンジニアが満遍なく配置されるようにチーム編成を工夫します。AIプランナーはビジネス的および業務的観点から解決方法を検討し、AIエンジニアは分析的およびシステム的観点から解決方法を検討します。それぞれの検討結果をチームとして1つにまとめ発表します。

例2）PoC計画グループワーク［研修期間：2日］

　実証フェーズにおける「PoC計画」を体験するためのグループワークです。受講対象者はAIプランナーおよびAIエンジニア、システムエンジニアです。受講者を5名程度のチームに分け、与えられたAI企画書を基に、チームでディスカッションを行いPoCの評価範囲、評価項目、評価スケジュール、評価体制、アウトプットを設定します。それぞれのチームには、AIプランナー、AIエンジニア、システムエンジニアが満遍なく配置されるようにチーム編成を工夫します。

　PoC計画では検討すべき事項が多いため、個人ワークとグループワークをうまく組み合わせながら最終的な計画書を作成します。同じAI企画書を基に検討した場合でも、チームによってPoC計画の詳細は異なるため、なぜ他のチームと計画内容が異なったのかQ&Aを通して確認します。

4-2-3 ／マシン演習

実機／仮想環境を使って開発作業を体験するプログラム

　マシン演習は、前述のグループワークと同様に、アウトプット型の研修プログラムです。実際に手を動かしてアウトプットを作成することで、座学研修で学んだ知識に対する理解を深めます。またマシン演習を通して、アウトプットを作成するために必要な**プログラミングスキル**や**ソフトウェア活用スキル**もあわせて習得します。マシン演習は、AIエンジニアとシステムエンジニアにとっての主要研修と位置付けられ、AIエンジニアとシステムエンジニアは、大部分の研修時間をこのマシン演習に使います。

　マシン演習では、実機あるいは仮想環境を使って、AIモデル開発やシステム開発を体験します。講師による技術説明と**模範演技**を聞いた後、受講者は模範演技を参考にしてアウトプットを作成してみます。模範演技を聞いて手順を理解したつもりになっていても、実際に手を動かしてみるとさまざまな箇所でつまずいてしまいます。講師や演習アシスタントの力を借りながら、自らアウトプットを作成することで、その技術を使いこなすスキルを身につけることができます。

　AIエンジニアとシステムエンジニアが学ぶべき知識領域は幅広いため、すべてのスキル／知識を一度に身につけることは現実的ではありません。多くの場合は、参画するAIプロジェクトで必要となったタイミングで、該当スキル／知識に関する研修を受講します。そのためマシン演習は、AIエンジニアやシステムエンジニアが受講しやすいように、AIアルゴリズムやシステム技術ごとに細かく分割されていることが一般的です。

　また、マシン演習に参加すると、お手本となるサンプルプログラム（サンプルコード）を入手することができます。このサンプルプログラムを持ち帰ることによって、自身が参画するAIプロジェクトの開発を効率的に進めることができます。マシン演習の受講後に、演習内容を復習するための環境があると、研修で学んだスキル／知識に対する理解をさらに深めることができます。

▶ マシン演習の進め方

< AI人材育成におけるマシン演習 >

- 期間：1〜5日程度
- 参加人数：10〜40名程度（受講者用PC数に依存）
- 実施内容：データ収集、AIモデル開発、システム開発などの練習
- 対象人材：AIエンジニア、システムエンジニア、AIユーザー
- 期待される効果：

  実際に手を動かすことによる知識の定着化

  AIモデル開発に必要なプログラミングスキルおよびソフトウェア活用スキルの習得

  マシンを使った実機検証の体験

  お手本となるサンプルプログラム（サンプルコード）の入手

AI人材育成におけるマシン演習例

例1）予測モデル作成マシン演習［研修期間：2日］

　実証フェーズにおける「AIモデル開発」を体験するためのマシン演習です。受講対象者はAIエンジニアです。それぞれの受講者にマシン演習の環境が与えられ、個人で演習を行います。Pythonを使ったマシン演習の場合、マシン演習の環境に配置された分析データをJupyter Notebook上で分析し、予測モデルを作成します。

　AIモデル開発を体験するためのマシン演習では、複数のデータを使った演習が一般的です。まず、講師が模範演技用のデータを使って、分析データの加工方法、予測モデルの作成方法、予測モデルの評価方法を教えます。受講者は、講師が準備したお手本となるNotebookを基に予測モデルの作成方法を学びます。一通り予測モデルの作成方法を理解したら、新たな分析データを用いて、自力で予測モデルを作成してみます。その後、予測結果を答え合わせし、予測精度を算出します。複数の受講者がいる場合は、予測精度を向上させるために実施した工夫を発表し合い、予測モデルの精度改善方法について相互に学びます。

例2）AIモデル入れ替えマシン演習［研修期間：1日］

　活用フェーズにおける「AIモデルの更新／入れ替え」を体験するためのマシン演習です。受講対象者はAIエンジニアです。受講者を3名程度のチームに分け、AIモデルの更新／入れ替えに取り組みます。

　まず、与えられたAIモデルのモニタリング結果を基に、チームでAIモデルの更新／入れ替えの必要性をディスカッションします。AIモデルを更新する場合は、どの期間のデータで再学習すればよいか検討し、AIモデルを入れ替える場合はAIモデルのどこを改善すればよいか検討します。どのように対応するか決まったら、チームで役割分担し、AIモデルの更新／入れ替えを行います。同じAIモデルを対象とした場合でも、チームによって対応方法は異なるため、なぜ他のチームと対応方法が異なったのかQ&Aを通して確認します。

Column ▷ 脱落者を出さないためのマシン演習

　マシン演習は、受講者が実際に手を動かしてアウトプットを作成する必要があるため、途中で演習についていけなくなる受講者が出てきます。せっかく研修を受講しているのに、スキル／知識を身につけずに帰るのはもったいないので、研修主催者は脱落者を増やさないための工夫が必要です。

　マシン演習の脱落者を増やさないために、**演習アシスタント**を一定数以上配置することが効果的です。マシン演習の脱落者は、途中で操作方法がわからなくなったり、講師がどこを説明しているのかわからなくなったりして演習を諦めてしまいます。受講人数に応じた適切な数の演習アシスタントを配置することによって、迷子になった受講者をフォローします。

　また、マシン演習の脱落者を増やさないためのテクニックとして、**技術の原理説明**を最後に回すことも効果的です。マシン演習の最初に、技術の操作説明とその技術の原理説明の両方を実施した場合、その技術を初めて学ぶ受講者にとっては情報量が多すぎるため、消化不良になってしまいます。まず、その技術を使って何ができるのかを体験した後、実はこういう原理でこの技術は動いていたと説明される方が、受講者の理解も進みます。もし、マシン演習の脱落者が多い場合は、本コラムの内容を試してみてください。

4-2-4 ／知識補完

研修でカバーしきれなかった知識領域を、Webや書籍／論文で補完

　知識補完は、研修プログラムでカバーしきれなかった知識領域を、Webコンテンツや書籍／論文で補完するための活動です。座学やグループワーク、マシン演習といった研修プログラムは研修期間が限られているため、AI人材に必要な知識を漏れなく教えることができません。研修に入りきらなかった知識領域に関しては、Webコンテンツや書籍／論文を通して、AI人材が自ら学ぶ必要があります。

　例えば、AIモデル開発における**ライブラリーの使い方**や**プログラムの書き方**に関しては、一部はマシン演習で学びますが、それ以外については必要なタイミングでマニュアルや技術書、技術系サイトなどを通じて自ら学ぶ必要があります。また、AIアルゴリズムの背景にある**数理・統計理論**の理解を深めるためには、論文や専門書に目を通すことも必要です。AI人材が身につけるべき知識領域は幅広いため、知識補完を通して、継続的に学び続ける姿勢が求められます。

＜AI人材育成における知識補完＞

- 期間：必要なタイミングで随時実施
- 参加人数：個人ごと
- 実施内容：AIモデル開発やシステム開発などの知識の習得
- 対象人材：AIプロジェクトマネージャー、AIプランナー、AIエンジニア、システムエンジニア、AIユーザー
- 期待される効果：
  研修でカバーしきれなかった知識領域をWebコンテンツや書籍／論文で補完
  AIモデル開発におけるライブラリーの使い方やプログラムの書き方の確認
  AIアルゴリズムの背景にある数理・統計理論の理解

AI人材育成における知識補完例

例1）データ加工処理の知識補完

　導入フェーズにおける「データ加工処理」を、技術書や技術系サイトを通して学びます。AIプロジェクトによって、データ加工に利用するデータ処理言語は

異なります。SQLでデータ加工処理を組むこともあれば、PythonやRでデータ加工処理を組むこともあります。それぞれのデータ処理言語によってコードの書き方が異なるため、自身が得意とするデータ処理言語と他の処理言語との対応関係を技術書や技術系サイトで確認します。

例2）AIモデル開発の知識補完

　実証フェーズにおける「AIモデル開発」を、データ分析者が集まるオンラインコミュニティを通して学びます。AIモデルの開発に取り組み始めたばかりのタイミングでは、どのようにコードを書けばよいのか悩んでしまい、前に進めなくなってしまうことがあります。それぞれのAIアルゴリズムに応じたお手本となるサンプルプログラム（サンプルコード）があれば、そのコードを土台としてAIモデルの開発を進めることができます。分析コミュニティの「Kaggle」(https://www.kaggle.com/) やプログラマーコミュニティの「Qiita（キータ）」(https://qiita.com/) では、AIモデル開発に関する情報が多く掲載されているため、お手本として参考にすることができます。

4-3 AI人材育成のための模擬演習プログラム

次に、**模擬演習プログラム**の実施内容および期待効果について確認しましょう。研修で学んだ知識を実際に使えるスキルとして定着させるためには、模擬演習を通して何度もアウトプットを作成することが必要になります。PBL演習、プロトタイプ開発、アイデアソン、分析コンテストを実施することで、AIプロジェクトを遂行するための実行力を身につけることができます。

▶ AI人材育成のための模擬演習プログラム

4-3-1 ／ PBL演習

模擬プロジェクトを通して、自ら問題を発見し解決する能力を養うプログラム

PBL演習（Project Based Learning）は、模擬プロジェクトを通して課題解決を体験するためのプログラムです。**ロールプレイ形式**でAIプロジェクトを模擬的に体験することによって、実際のAIプロジェクトで必要になる実行力を身に

つけます。PBL演習は、企画フェーズおよび実証フェーズのタスクを体験することを目的としているため、AIプロジェクトマネージャー、AIプランナー、AIエンジニアが主な対象者となります。演習内容にAIシステムに関する要素を含めたい場合は、システムエンジニアが参加することもあります。それぞれのAI人材がチームを組み、役割分担しながら演習を進めます。

　PBL演習では、あらかじめ準備されたテーマ（お題）に沿って、課題定義、AI企画、AIモデル開発、AI導入提案を体験します。講師側で大枠の演習テーマは設定していますが、検討対象となるビジネス課題や適用するAI技術については指定されていないため、チームでディスカッションしながら参加者側で設定します。実際のAIプロジェクトにおいても、解くべき課題や課題の解き方が決まっていることはほとんどありません。PBL演習では、ロールプレイ形式での模擬インタビューやチームでのディスカッションを通して、自ら課題を設定し解決策を考えるプロセスを体験します。

　また、実際のAIプロジェクトでは、精度の高いAIモデルを開発できたからといって、すぐにAI導入に進めるわけではありません。AI導入に向けて現場部門や関連部門を納得させる必要があります。そのため、PBL演習では、ロールプレイ形式での模擬インタビューや提案プレゼンテーションを通して、AI導入に向けて関係者を説得するプロセスを体験します。このような演習を通して、自ら問題を発見し解決する能力を養います。

▶ PBL演習の進め方

テーマ確認　→　課題定義　→　AI企画　→　AIモデル開発　→　AI導入提案

< AI人材育成におけるPBL演習 >
- **期間**：3カ月程度
- **参加人数**：20〜40名程度（4〜5名×チーム数）
- **実施内容**：課題定義およびAI企画、AIモデル開発の体験
- **対象人材**：AIプロジェクトマネージャー、AIプランナー、AIエンジニア、システムエンジニア

- 期待される効果：
  AI企画およびPoCの進め方の理解
  学んだ知識のアウトプット（複数の知識の組み合わせ）
  解き方／答えが決まっていない課題への対処方法の習得
  チーム作業による協働プロセスの体験

PBL演習の登場人物と演習形式

　PBL演習を実施するためには、いくつかの準備が必要になります。まず、PBL演習においてどのような講師を配置するべきなのか確認しておきましょう。

　PBL演習では、ロールプレイの中で「**プロジェクト責任者役**」を務める講師と、「**現場担当者役**」を務める講師が必要になります。また、ロールプレイを実施する講師とは別に、参加者を指導するための「**PBL演習指導員**」も配置します。ロールプレイを実施する講師とPBL演習を指導する講師は同じでもかまいませんが、ロールプレイの雰囲気を作るためには、異なる講師で担当することを推奨します。

▶ PBL演習における登場人物

　PBL演習は、これまで紹介してきた座学やグループワーク、マシン演習に加え、模擬インタビューや提案プレゼンテーションを組み合わせて実施します。模擬インタビューでは、**現場担当者役がPBL演習参加者からのインタビューを受けます**。企画経験の少ないAI人材の場合、現場担当者にヒアリングする機会はそれほど多くないため、ロールプレイとはいえインタビューの練習ができる貴重な体験となります。また、プロジェクト関係者に対する報告経験の少ない参加者にとっては、**プロジェクト責任者役への提案プレゼンテーション**を通して、顧客や目上の人に対する報告の仕方を練習することができます。

PBL演習は、主にAIプロジェクトマネージャー、AIプランナー、AIエンジニアが参加し、チームを組んで3カ月間一緒に課題解決に向けて取り組みます。AIプロジェクトマネージャーにとっては、企画フェーズおよび実証フェーズのプロジェクト推進を体験できる貴重な機会です。AIプランナーやAIエンジニアにとってはグループワークが多く含まれるため、チーム作業による協働プロセスを体験することができます。

▶ PBL演習の演習形式

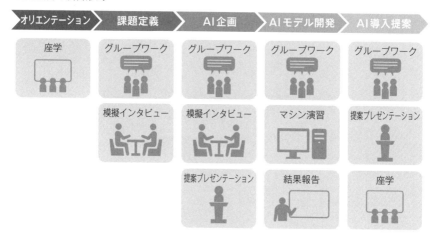

PBL演習の進め方＜前半戦：企画フェーズ＞

PBL演習の具体的な進め方について確認しておきましょう。まずオリエンテーションで、プロジェクト責任者役から本プロジェクトで対象として欲しいテーマや、そのテーマに取り組んで欲しい理由の説明を受けます。参加者は、そのテーマが対象となった**ビジネス背景**や、このプロジェクトに対する**期待事項**を確認します。

オリエンテーションが終わったら、各チームに分かれ、どこに本質的な課題があるのか議論します。PBL演習では、**ビジネス課題を確認するためのヒアリング**の機会が設けられています。現場担当者役にどのようにヒアリングすればうまく課題を引き出すことができるかチーム内で検討し、必要に応じて指導員がヒアリング内容についてアドバイスを行います。ヒアリング内容がまとまったら、現場担当者役にインタビューして、ヒアリング結果を基に課題を整理します。

課題が定義できたら、**AI企画**に取り掛かります。AI企画では、実際のAIプロジェクトと同様に、アプローチ設計、業務設計、分析プロセス設計、アーキテク

チャ設計、推進体制設計、ビジネス価値設計を行います。研修プログラムで学ん
できた知識や技術を総動員し、チームで協力しながらAI企画案を作成します。
ここでも必要に応じて指導員が、各種設計内容についてアドバイスを行います。
参加者のAI企画経験が少ない場合、規定の時間内にAI企画案をまとめきれない
ことがよくあるため、プロジェクトの推進を任された受講者（主にAIプロジェ
クトマネージャー）はタイムマネジメントを意識しながら議論を進行します。

　AI企画案がまとまったら、現場担当者役に**実現可能性に関するヒアリング**を
行います。各チームで検討したAI企画案が、現場部門にとって現実的に受け入
れられるものなのか、現場担当者役の目線で判断してもらいます。現場部門にお
ける業務負荷の観点やビジネス価値の観点から明らかに実現可能性に乏しいと判
断された場合は、再度AI企画をやり直す必要があります。現場担当者役へのヒ
アリング結果を基に、AI企画案をブラッシュアップし、最終的なAI企画書とし
て完成させます。

　完成したAI企画書を基に、プロジェクト責任者役にAI企画内容についてプレ
ゼンテーションを行い、次の**AIモデル開発に進む承認**を得ます。ここまでが
PBL演習の前半戦です。

PBL演習の進め方＜後半戦：実証フェーズ＞

　次に、AIプロジェクトにおける実証フェーズの内容を体験していきます。先
ほど承認を得たAI企画書に基づき、具体的な**AIモデル開発計画**をチームで検討
します。まず、どのようなスケジュールでデータ収集を行い、AIモデルを開発
するのか計画を立てます。参加者のAIモデルの開発経験が少ない場合、ほぼ計
画通りに開発が進まないため、指導員は余裕を持ったスケジュールにするようア
ドバイスします。

　AIモデルの開発計画がまとまったら、データ収集に取り掛かります。あらか
じめ分析データが準備されている場合は、追加データが必要かどうかを検討し、
不足データを収集します。分析データが準備されていない場合は、分析プロセス
設計に基づき、一からデータを収集します。

　分析データが準備できたら**AIモデル開発**に着手します。ここでは、データ加工、
データ可視化、モデル開発、モデル評価など、さまざまなタスクを実施する必要
があります。まずは、プロジェクト責任者役への中間報告を目標として、チーム
内で役割分担しながらAIモデル開発を進めます。PBL演習では、通常のマシン

演習と異なり、数週間という長い期間をこのAIモデル開発にあてることができるため、実際のAIプロジェクトで扱うような**生データ**に挑戦させてみることをお勧めします。通常のマシン演習で生データを演習対象にしてしまうと、データのクレンジング処理や加工処理だけで大部分の時間を使ってしまい数日間という短い研修期間で一定の成果を出すことが難しくなります。一方、PBL演習ではある程度の時間をデータクレンジング処理や加工処理にあてることができるため、生データに挑戦することも可能になります。

　AIモデル開発がある程度進んだら、プロジェクト責任者役へAIモデルの開発状況や、AIモデル開発における課題を報告する**中間報告**を行います。中間報告でプロジェクト責任者役から指摘された内容を踏まえ、AIモデルの改善を行い、AIモデルを完成させます。その際、必要に応じて指導員がAIモデルの改善内容についてアドバイスを行います。AIモデルが完成したら、そのAIモデルを活用した場合のビジネス価値を試算し、AIモデルの開発結果とともに**AI導入提案書**としてまとめます。

　AI導入提案書がまとまったら、プロジェクト責任者役にAI導入の**提案プレゼンテーション**を行います。プロジェクト責任者役は、各チームの提案内容を吟味し、最も導入したいと思ったチームを表彰します。それ以外のチームに関しては、なぜ導入に至らなかったのかフィードバックし、チーム内で改善箇所をディスカッションしてもらいます。最後にラップアップとして、指導員からこの数カ月間の内容を振り返り総括してもらいます。指導員からの総括を踏まえ、それぞれの受講者に演習の感想をコメントしてもらいPBL演習を終了します。

AI人材育成におけるPBL演習例

例1）事業会社と連携してPBL演習を実施　[研修期間：3カ月間]

　PBL演習を実施するためには、実社会に即した「テーマ（お題）」と「データ」を準備する必要があります。大学などでは、このお題とデータを準備することが難しいため、すでに豊富なお題とデータを持っている事業会社と連携し、PBL演習を実施することが一般的です。事業会社の協力を得ることができれば、ロールプレイにおけるプロジェクトの責任者役や現場担当者役を、実際の事業会社の社員に担当してもらいます。実際の社員に担当してもらうことで、よりリアリティのある演習を行うことができます。事業会社はお題とデータを提供する代わりに、このPBL演習で得られた知見を手にします。

▶ PBL 演習内容の詳細

フェーズ	タスク		No.	PBL演習内容	演習形式	演習指導		ロールプレイ	
						PBL演習参加者	PBL演習指導員	プロジェクト責任者役	現場担当者役
オリエンテーション			1	プロジェクト責任者役から本プロジェクトの概要説明を受ける	座学	○		○	
企画	課題定義		2	ビジネス課題を確認するためのヒアリング内容を検討する	グループワーク	○	○		
			3	現場担当者役にビジネス課題をヒアリングする	模擬インタビュー	○			○
			4	ヒアリング結果を基にビジネス課題を整理する	グループワーク	○	○		
	AI企画	アプローチ設計	5	ビジネス課題の解決方法を検討する	グループワーク	○	○		
		業務設計	6	AIを活用した業務プロセスを検討する	グループワーク	○	○		
		分析プロセス設計	7	AIを活用するための分析プロセスを検討する	グループワーク	○	○		
		アーキテクチャ設計	8	AIを活用するためのシステム構成を検討する	グループワーク	○	○		
		推進体制設計	9	AIモデル開発の推進体制を検討する	グループワーク	○	○		
		ビジネス価値設計	10	AIを活用した場合のビジネス価値を検討する	グループワーク	○	○		
	実現可能性判断		11	AI企画案の実現可能性について現場担当者役に確認する	模擬インタビュー	○			○
	プロジェクト立ち上げ		12	AI企画書を完成させ、プロジェクト責任者役に報告する	プレゼンテーション	○		○	
実証	PoC計画		13	AI企画書に基づきAIモデルの開発計画を立てる	グループワーク	○	○		
	PoC	データ収集	14	AIモデルを開発するためのデータを収集する	マシン演習	○	○		
		AIモデル検証	15	収集したデータを用いてAIモデルを開発する	マシン演習	○	○		
			16	プロジェクト責任者役にAIモデルの開発状況を中間報告する	プレゼンテーション	○		○	
			17	中間報告の結果を踏まえAIモデルを改善する	マシン演習	○	○		
		ビジネス価値検証	18	開発したAIモデルのビジネス価値を試算する	グループワーク	○	○		
	PoC結果報告		19	AI導入に向けた提案書を作成しプロジェクト責任者役に提案する	プレゼンテーション	○		○	
	AI導入の判断		20	AI導入の提案の結果をフィードバックしてもらい改善点を検討する	グループワーク	○	○		
ラップアップ			21	PBL演習指導員に本プロジェクトを総括してもらう	座学	○	○		

例2）教材化されたPBL演習を実施［研修期間：2〜3カ月間］

　PBL演習は、通常の研修プログラムよりも学習効果が高いため、教材化して提供する企業が増えています。多くの場合、業種や分析テーマという切り口でPBL演習教材が細分化されており、2〜3カ月間で一通りのプロセスを体験できるように設計されています。本書で紹介したPBL演習は、企画フェーズの最初から実証フェーズまでを対象としていますが、教材によってはAI企画のみを対象としたものや、AIモデル開発のみを対象としたものもあります。学びたい内容に応じて、適切なPBL教材を選択します。

> ### Column ▷ ケーススタディを中心とした実践的な学びの場「AI Quest」
>
> 　課題解決型AI人材を育成するために、PBLに関する実証実験を行っているのが「**AI Quest**」です。AI Questは、NEDO事業「**Connected Industries 推進のための協調領域データ共有・AIシステム開発促進事業／AI Quest（課題解決型AI人材育成事業）に関する調査事業**」の一環として実施されています。AI Questでは、企業の実際の課題に基づくケーススタディを中心としたPBL演習を行っています。2019年および2020年に実施されたPBL実証実験の結果が、AI Questのホームページに掲載されているので、気になった方は確認してみてください。
>
> AI Quest 課題解決型AI人材育成、経済産業省 実践的なAI人材育成について
> https://lp.signate.jp/ai-quest/
> https://www.meti.go.jp/policy/it_policy/jinzai/AIQuest.html

4-3-2 ／ プロトタイプ開発

試作品の開発を通して、AIシステム開発を模擬体験するプログラム

　プロトタイプ開発は、簡易的なAI試作品の開発を通して、AIシステムの設計や開発を模擬体験するためのプログラムです。先ほどのPBL演習では、企画フェーズおよび実証フェーズのタスク体験が目的でしたが、このプロトタイプ開発では、導入フェーズの一連のタスクを体験することを目的としています。そのためプロトタイプ開発は、AIエンジニアおよびシステムエンジニアを対象として実施されます。プロトタイプ開発では、あらかじめ準備されたテーマ（お題）に沿って、AI試作品の要件定義、設計、開発、動作確認を行います。PBL演習と同様に**ロールプレイ形式**で実施すると学習効果が高まります。

プロトタイプ開発では、実際に簡易的なAI試作品を開発してみることによって、AIシステム開発の難しさを体験します。机上では簡単にできそうだと感じた内容も、いざ開発を始めてみると、さまざまな課題に直面します。特に、技術的な課題に直面した場合、研修プログラムで身につけたスキル／知識だけでは太刀打ちできないことがほとんどです。そのような場合は指導員に助言をもらいながら、1つ1つ課題を解決していきます。このプロトタイプ開発を通して、AIシステムを開発するための総合力を身につけることができます。

　またプロトタイプ開発を通して、UXに関する重要性を理解します。開発したAIシステムは、業務担当者やエンドユーザーに利用してもらって初めて価値が発揮されます。試作品であっても利用者にとって使いやすいUIを検討し、実装することが重要になります。最後に、AI試作品として開発した画面や入出力システムを、参加者同士で評価し合い改善箇所を確認します。

▶ プロトタイプ開発の進め方

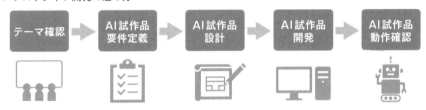

< AI人材育成におけるプロトタイプ開発 >

- 期間：2週間〜3カ月程度
- 参加人数：10〜25名程度（3〜5名×チーム数）
- 実施内容：アーキテクチャ検証およびシステム設計、システム開発の体験
- 対象人材：AIエンジニア、システムエンジニア
- 期待される効果：
  AIシステム設計／開発の進め方の理解
  机上検証と実機検証の違い／難しさの理解
  UXの重要性の理解
  技術的な課題への対処方法の習得

AI人材育成におけるプロトタイプ開発例

例1）AIチャットボットのプロトタイプ開発 ［研修期間：2週間］

　簡易的なAIチャットボットの開発を通して、導入フェーズにおける「要件定義／システム設計／システム開発」を体験します。対象者はAIエンジニアです。参加者を3〜5名程度のチームに分け、AIチャットボットを開発します。

　まず、与えられたテーマに沿って、どのようなチャットボットを開発すべきなのかチームで議論します。チーム内で方向性がまとまったら、チャットボット開発（コーディング）を担当するメンバーと、チャットボットに学習させるためのデータを作成するメンバーに役割分担し、作業を進めます。チャットボットから満足の得られる回答結果が出力されるまで、何度もチャットボットにデータを学習させます。最後に、それぞれのチームが開発したチャットボットを比較し、どのような工夫を行えば回答の精度を上げることができたのか確認します。

例2）AI活用画面のプロトタイプ開発 ［研修期間：3週間］

　導入フェーズにおける「業務システム設計／開発」を体験します。対象者はAIエンジニアとシステムエンジニアです。参加者を3名程度のチームに分け、AIを活用するための簡易的な業務画面を開発します。まず、AIエンジニアとシステムエンジニアで協力しながら、エンドユーザーにとって使いやすい業務画面を検討します。

　業務画面の仕様が固まったら、画面を開発し、与えられたAIモデルを実装します。他のチームと同じAIモデルが与えられた場合でも、チームごとに開発された業務画面の詳細は異なるので、他のチームがどのようなコンセプトで画面開発を行ったのかQ&Aを通して確認します。このようなAI活用画面のプロトタイプ開発を通して、UXの重要性を学ぶことができます。

4-3-3／アイデアソン

AI活用アイデアを競い合いながらAI企画を模擬体験するプログラム

　アイデアソンは、AIのビジネス活用アイデアを競い合う模擬演習プログラムです。いくつかのチームに分かれ、テーマに沿ったAI活用のアイデアを立案します。それぞれのチームから発表されたアイデアを評価し、事業性の高い有用なAI活用のアイデアに関しては、実際のプロジェクトとして取り組むことも含め

検討します。

　AI人材はこのアイデアソンを通して、企画フェーズにおけるAI企画を模擬体験することができます。AIのビジネス活用アイデアを検討するためには、**ドメイン知識**と**AIに関する知識**の両方が必要です。他の参加者と一緒に議論することで、新たな知識を吸収するとともに、AI活用に関する発想力を磨くことができます。

　AIプランナーにとって、アイデアソンはAI企画の経験を積むことができる貴重な場です。AIプランナーは、さまざまなテーマのAI企画を経験することで成長します。しかし、駆け出しのAIプランナーが関わることのできるAIプロジェクトには限りがあるため、実プロジェクトを通して複数のAI企画を経験しようとすると時間がかかってしまいます。一方、アイデアソンは、短い場合は半日、長い場合でも1週間程度で対象テーマに関するAI企画をまとめる必要があるため、数多くのAI企画を模擬的に体験することができます。

　また、アイデアソンに参加している**熟練者の企画書やプレゼンテーション**を見ることも、駆け出しのAIプランナーにとって学びの多い機会となります。AIプロジェクトの企画書は、通常、関係者にしか共有されないため、参照する機会がほとんどありません。しかしアイデアソンであれば、上位入賞者の企画書を確認することができ、企画書作成テクニックやプレゼンテクニックを吸収することができます。アイデアソンはAIプランナーの育成において非常に有効な施策です。

▶ アイデアソンの進め方

< AI人材育成におけるアイデアソン >

- 期間：半日〜1週間程度
- 参加人数：40〜80名程度（4〜5名×チーム数）
- 実施内容：アプローチ設計および業務設計、ビジネス価値設計の体験
- 対象人材：AIプランナー、AIユーザー

- 期待される効果：
  AI企画の進め方の理解
  ドメイン知識の重要性の理解
  AI活用シーンの広がりの理解（他参加者のアイデア確認）
  熟練者のAI企画書作成／プレゼンテクニックの吸収（上位入賞者の企画書確認）
  有用なAI活用アイデアの抽出

AI人材育成におけるアイデアソン例

例1）新しいAIビジネスを考えるアイデアソン［研修期間：1日］

　企画フェーズにおける「業務設計／ビジネス価値設計」を体験するためのアイデアソンです。対象者はAIプランナーです。参加者を5名程度のチームに分け、AIを活用したビジネスモデル／事業モデルをチームごとに検討します。

　まず、与えられたテーマに沿って情報収集し、AIの活用アイデアを議論します。また、AIを活用することによるビジネス価値を試算し、ビジネスとして成立するのか検討します。検討結果をチームとして1つにまとめ発表します。さまざまなAI活用のアイデアが発表されるので、他の参加者によるアイデアを確認し、AI活用シーンの広がりを理解します。

例2）AIによる業務改善アイデアソン［研修期間：半日］

　企画フェーズにおける「業務設計」を体験するためのアイデアソンです。対象者はAIプランナーとAIユーザーです。

　まず、参加者を5名程度のチームに分け、AIを活用した業務改善施策をチームごとに検討します。それぞれのチームには、AIプランナーとAIユーザーが満遍なく配置されるようにチーム構成を工夫します。AIユーザーから現場における業務課題を聞き出し、AIを活用することによって、その業務課題を解決することができないかチームで検討します。AIプランナーとAIユーザーが一緒にアイデアを議論することによって、地に足のついた実効性のある業務改善アイデアを導き出すことができます。

4-3-4 ／ 分析コンテスト

AIの予測精度を競い合いながらAIモデル開発を模擬体験するプログラム

　分析コンテストは、他の参加者とAIモデルの予測精度を競い合う模擬演習プログラムです。AI人材はこの分析コンテストを通して、実証フェーズや導入フェーズにおけるAIモデル開発を模擬体験することができます。

　分析コンテストの参加者は、与えられたデータを基にAIモデルを作成し、事務局に予測結果を提出します。予測結果を提出できる回数は、コンテストによって異なります。他の参加者のスコア（予測精度）を確認しながらAIモデルの改善を行い、定められたコンテスト期間内に最終的な予測結果を提出します。コンテストが終了したら自身のスコアおよび順位を確認します。

　分析コンテストでは、参加者同士で予測精度を競い合うため、他の参加者に負けまいと最新のAIアルゴリズムを調べたり、特徴量設計やパラメーターチューニングに工夫を凝らしたりと知恵を絞る必要があります。そのため分析コンテストは通常の研修プログラムよりも学習効果が高く、より実践に近い形でのAIモデル開発力を身につけることができます。また、コンテストの上位入賞者の分析内容を参考にすることによって、AIモデルの改善テクニックを習得することもできます。分析コンテストはAIエンジニアの育成において非常に有効な施策です。

　分析コンテストを開催すると、普段はAIと無関係の業務に携わっているが、学生時代にAI関連の研究を行っていたというメンバーや、新しい技術に興味があり隙間時間を見つけて自己学習しているというメンバーなど、さまざまなバックグラウンドを持ったメンバーが腕試しの機会と捉えて参加してくれます。そのようなメンバーの中から上位入賞者が出た場合は、AI人材として抜擢することができないか検討します。組織の中には、このような社員が一定数存在しているため、分析コンテストを隠れたAI人材を発掘するための手段として活用している企業もあります。

▶ 分析コンテストの進め方

＜AI人材育成における分析コンテスト＞
- 期間：1〜3カ月程度
- 参加人数：数十〜数百名程度（1〜5名×チーム数）
- 実施内容：分析プロセス設計およびAIモデル開発、AI改善の体験
- 対象人材：AIエンジニア
- 期待される効果：
  AIモデル開発／改善の進め方の理解
  競争によるスキル習得のモチベーションアップ
  熟練者のAIモデル開発／改善テクニックの吸収（上位入賞者の分析内容確認）
  隠れたAI人材の発掘

AI人材育成における分析コンテスト例

例1）分析コンペティションへの参加［研修期間：1〜3カ月程度］

　幅広く参加者を募集しているKaggleやSIGNATEなどの分析コンペティションに参加することで「AIモデル開発」を体験します。コンテストごとにルールやスケジュール、課題が異なるため、学びたい内容に応じて適切なコンテストを選択します。分析コンペティションサイトでは、過去のコンテスト課題を使った練習問題が用意されており、練習問題を解いて腕試しをすることもできます。このような分析コンペティションに参加することで、世界中のAI人材と競い合いながら、流行りのAIモデル開発テクニックを学ぶことができます。コンテストで優秀な成績を収めると、順位に応じたメダルを獲得できます。メダルを集めることでモチベーションを維持しながらAIモデルの開発スキルを磨くことができます。

例2）社内分析コンテストの開催［研修期間：1カ月間］

　分析コンテストを社内で開催することによって、社員（AIエンジニア）のAIモデル開発スキルを向上させることができます。社外で開催されている分析コンペティションとは異なり、参加者を社員に限定することができるため、社外に出すことのできない社外秘の内容もコンテストのテーマとして扱うことができます。AI人材の育成を目的とする場合は、チームで参加することを推奨し、お互いに教え合いながらAIモデルを開発してもらいます。参加者同士で教え合うことによって、社員のAIモデル開発／改善スキルを底上げすることができます。

4-4 AI人材育成のための実践プログラム

最後に、**実践プログラム**の実施内容および期待効果について確認しましょう。実際のAIプロジェクトでは、自らの知識と技術を総動員して実課題を解く**サバイバルスキル**が必要になります。このサバイバルスキルは、研修や模擬演習だけで身につけることは難しく、時間をかけて実際のAIプロジェクトの中で身につけるしかありません。AI人材は、経験豊富な熟練者の指導の下、OJTを通して実践力を身につけます。

▶ AI人材育成のための実践プログラム

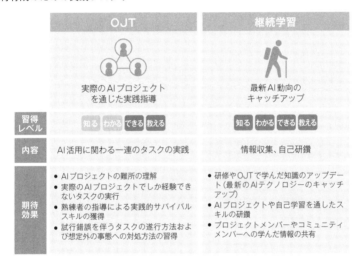

	OJT	継続学習
	実際のAIプロジェクトを通じた実践指導	最新AI動向のキャッチアップ
習得レベル	知る わかる できる 教える	知る わかる できる 教える
内容	AI活用に関わる一連のタスクの実践	情報収集、自己研鑽
期待効果	● AIプロジェクトの難所の理解 ● 実際のAIプロジェクトでしか経験できないタスクの実行 ● 熟練者の指導による実践的サバイバルスキルの獲得 ● 試行錯誤を伴うタスクの遂行方法および想定外の事態への対処方法の習得	● 研修やOJTで学んだ知識のアップデート(最新のAIテクノロジーのキャッチアップ) ● AIプロジェクトや自己学習を通したスキルの研鑽 ● プロジェクトメンバーやコミュニティメンバーへの学んだ情報の共有

4-4-1 ／ OJT

実践指導を通して、実課題を解く力を身につけるためのプログラム

OJTでは、熟練者の指導の下、実際のAIプロジェクトを通じた実践指導を行います。OJT対象者は、AIプロジェクトでの実践経験を通して、AIプロジェクトで必要になる一通りのスキル／知識を習得します。AI人材に求められるスキル／知識は膨大なため、研修プログラムや模擬演習プログラムである程度の知識を身につけたら、OJTに移行することが効率的です。水泳と同じように、まず

水の中に入って泳いでみることがスキル習得の近道になります。

通常、OJTは6カ月～2年程度という長い期間で実施されます。AIプロジェクトのタスクを一通り経験しようとすると、少なくとも6カ月程度の期間が必要です。部分的なAIプロジェクトであれば3カ月程度で終わるものもありますが、AIプロジェクトで必要になる一通りのスキル／知識を習得するというOJTの目的を考えると、6カ月が最短期間となります。また、実際のAIプロジェクトでは、プロジェクトごとに対象とするテーマや課題が異なるため、1つのAIプロジェクトを経験しただけでは不十分です。概ね3つのAIプロジェクトを経験すると、AI人材として必要な一通りのタスクを体験することができます。そのため、OJTの標準期間は1年半と設定することが一般的です。

OJTでは、実践経験豊富な**メンター**が指導役を担います。OJT対象者はメンターと一緒に、目指すAI人材タイプを踏まえ、どのスキル／知識を強化していくのか目標設定します。メンターはその目標設定に従い、OJT対象者を適切なAIプロジェクトにアサインします。メンター指導の下、OJT対象者はAIプロジェクトを遂行しながら、必要なスキル／知識を習得します。アサインされたAIプロジェクトが終了したら、メンターとAIプロジェクトの振り返り（ラップアップ）を行い、次のAIプロジェクトに備えます。AIプロジェクトを遂行していると、さまざまな壁に直面します。メンターと一緒に1つずつ壁を乗り越えながらOJTを進めます。AIプロジェクトにおける一連のタスクを経験し、メンターの補助なしでAIプロジェクトを遂行できると判断できればOJTを終了します。

▶ OJTの進め方

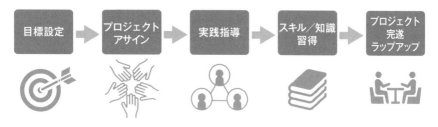

＜AI人材育成におけるOJT＞

- 期間：6カ月～2年程度
- 参加人数：個人ごと（個人ごとにメンターをつける）
- 実施内容：AI活用に関わる一連のタスクの実践
- 対象人材：AIプロジェクトマネージャー、AIプランナー、AIエンジニア、
  システムエンジニア
- 期待される効果：

  AIプロジェクトの難所の理解

  実際のAIプロジェクトでしか経験できないタスクの実行

  熟練者の指導による実践的サバイバルスキルの獲得

  試行錯誤を伴うタスクの遂行方法および想定外の事態への対処方法の習得

実践プログラムの必要性

　AI人材育成において、なぜ実践プログラム（OJT）が必要なのか確認しておきましょう。OJTは育成期間も6カ月～2年程度と長く、実践経験豊富なベテランのAI人材を指導役（メンター）として調整したり、実際のAIプロジェクトに駆け出しのAI人材をアサインしたりと、非常に手間のかかる育成施策です。しかし、自律的にAIプロジェクトを遂行できるAI人材を育成するためには、この実践プログラム（OJT）という育成施策をスキップすることはできません。なぜ研修プログラムや模擬演習プログラムだけではダメなのでしょうか。

▶ 研修プログラム／模擬演習プログラム／実践プログラムの違い

	研修プログラム	模擬演習プログラム	実践プログラム
知識領域	広く浅く	特定領域を深く	必要な領域を深く
実施期間	短い （半日～5日程度）	普通 （半日～3カ月程度）	長い （6カ月～2年程度）
対象テーマ	シンプル・固定的 （メジャーケースを扱う）	シンプル・一部流動的 （メジャーケースを扱う）	複雑・流動的 （イレギュラーケースも含む）
対象課題	研修で学んだ知識で解ける （あらかじめ解き方が 決まっている）	工夫すれば解ける 課題を提示 （解き方は参加者に任せる）	課題が解けるかどうか わからない （答えも解き方も定まっていない）
進め方	個人ワーク中心 （個人の知識習得が目的）	他の参加者と役割分担 （チームプレーを学ぶ）	トレードオフを考慮 （Quality・Cost・Delivery）
登場人物	受講者の多くは AI人材を目指す同志（仲間）	参加者の多くは AI人材を目指す同志（仲間）	プロジェクトメンバーおよび 利害関係者との コミュニケーションが必要
分析環境	演習環境 （あらかじめ用意された環境）	演習環境 （あらかじめ用意された環境）	実機 （実際のプロジェクトで 使っている環境）

多くの研修プログラムでは、半日〜数日という短い期間で一通りの作業を完了させる必要があるため、事前に解くべき課題や適用する技術をあらかじめ設定しておくことが一般的です。一方、実際のAIプロジェクトでは、プロジェクトメンバーと一緒に課題を探りながら、どの技術を適用するのか試行錯誤を重ねる必要があります。研修プログラムのような**あらかじめ決められた課題を解くスキル**と、**自らの知識と技術を総動員して実課題を解くスキルは、別物と考えるべきな**のです。時間的な制約の観点から、研修プログラムでこのようなスキルを身につけることは難しいため、実際のAIプロジェクトの中でメンターと一緒に試行錯誤しながら実践力を身につける必要があります。

また、実際のAIプロジェクトでは、**Quality（品質）**、**Cost（コスト）**、**Delivery（納期）**の3つについて考慮し、QCDのトレードオフを解消しながらタスクを進める必要があります。研修プログラムでは品質が重視され、模擬演習プログラムでは、品質と納期が重視されます。一方、実際のAIプロジェクトでは、コストと納期の厳しい制約の中、AIの専門家として、アウトプットのQuality（品質）を追求することが求められます。このようなQCDのバランスを取りながらタスクを実行するスキルは、研修プログラムや模擬演習プログラムだけで身につけることは難しいため、実際のAIプロジェクトの中でメンターに指導してもらいながら身につける必要があります。「もう少し時間があればAIモデルの精度を上げることができたのに」「もう少し予算があれば作業者を増やして学習データを増やすことができたのに」など、実際に苦労してみることによってQCDのバランスを取ることの難しさを理解することができます。

さらに、実際のAIプロジェクトでは、**プロジェクトメンバーや利害関係者とのコミュニケーション**が重要になります。研修プログラムや模擬演習プログラムの参加者は同じような立場のメンバーが多く、そこで必要となるコミュニケーション作法と、実際のAIプロジェクトで求められるコミュニケーション作法との間には大きな隔たりがあります。AIを導入する現場部門との**コミュニケーションスキル**や、プロジェクト関係者との**ネゴシエーションスキル**は、研修プログラムや模擬演習プログラムだけで身につけることは難しく、実際のAIプロジェクトの中で何度も失敗しながら習得していく必要があります。

このように、AI人材に必要となる基本的なスキル／知識は研修プログラムや模擬演習プログラムでカバーできますが、実際のAIプロジェクトで必要となる実践力や応用力は、実践プログラムを通して身につける必要があります。実践プ

ログラムは手間も時間もかかりますが、AI人材の育成においては欠かすことのできない育成施策です。

AI人材育成におけるOJT例

例1）AIプロジェクトマネージャーのOJT［研修期間：2年間］

　OJT対象者は、メンターと一緒にAIプロジェクトを経験することで、AIプロジェクトを推進するための力を身につけます。普段からAIプロジェクトのマネジメントを行っている熟練者にメンターとなってもらい、メンターのプロジェクトの進め方を見ながら、AIプロジェクトにおけるタイムマネジメント、リソースマネジメント、品質マネジメント、リスクマネジメントを学びます。最初のプロジェクトでは、メンターをサポートするサブリーダの位置付けでプロジェクトに参画しますが、いくつかのプロジェクトを経験した後は、自ら先頭に立ってAIプロジェクトを推進します。メンターの補助なしにAIプロジェクトが推進できるようになればOJTを卒業します。

例2）AIエンジニアのOJT［研修期間：1年間］

　OJT対象者は、メンターと一緒にAIプロジェクトを経験することで、AIエンジニアとしてのサバイバルスキルを身につけます。AIモデルの開発経験豊富な熟練者にメンターになってもらい、AIモデル開発や分析システム開発について学びます。OJTの最初の段階では、メンターが切り出した作業をきっちり完遂することを目指してプロジェクトに取り組みます。ある程度の作業が自律的にできるようになれば、いくつかのタスクを任せてもらい、他のプロジェクトメンバーと協力しながら作業を遂行します。実際のAIプロジェクトでは、QCDのバランスを取ることが求められるため、メンターのサポートを受けながらQCDのさじ加減を学びます。AIエンジニアが担当する一通りのタスクを経験し、メンターの補助なしでAIプロジェクトを遂行できるようになればOJTを卒業します。

AIプロジェクト（実践プログラム）でしか体験できないタスク

　ここまで研修プログラム／模擬演習プログラムと実践プログラムの違いを説明してきましたが、AIを活用するためのタスクの中には、実際のAIプロジェクトでしか経験できないものがいくつかあります。このようなタスクは、研修プログラムや模擬演習プログラムで体験することは難しいため、実践プログラムを通し

て経験する必要があります。AIプロジェクトの中でしか経験できないタスクは
AI人材タイプごとに異なります。それぞれどのようなタスクが該当するのか確
認しておきましょう。

＜AIプロジェクトマネージャー＞

　AIプロジェクトマネージャーが担当するタスクのうち、**意思決定や判断を伴
うタスク**は、AIプロジェクトの中でしか経験することができません。AIプロジェ
クトごとに異なる複雑な状況を総合的に判断し意思決定を行うため、模擬的に体
験することが難しいタスクです。経験豊富なAIプロジェクトマネージャーが、
どのような観点で意思決定を行っているのか、一緒にタスクを遂行しながら確認
します。

＜AIプランナー＞

　AIプランナーが担当するタスクのうち、**実際の現場を巻き込んで実施するタ
スク**は、AIプロジェクトの中でしか経験することができません。通常、現場部
門は既存の業務で忙しいため、なかなか時間を確保してもらえません。経験豊富
なAIプランナーが、どのように現場部門を巻き込み協力を取り付けているのか、
一緒にタスクを遂行しながら確認します。

＜AIエンジニア＞

　AIエンジニアが担当するタスクのうち、**大規模システムを連動させるタスク**
は、AIプロジェクトの中でしか経験することができません。小規模なAIモデル
開発は、研修プログラムや模擬演習プログラムの中で体験することができますが、
本当のビッグデータを使ったAIモデル開発となると、大規模なシステムを構築
し開発を進める必要があるため、簡単に経験することができません。経験豊富な
AIエンジニアが、どのように大規模システムを連動させ、AIモデルの開発や総
合テストを実施しているのか、一緒にタスクを遂行しながら確認します。

＜システムエンジニア＞

　システムエンジニアが担当するタスクのうち、**システム運用に伴うタスク**は、
AIプロジェクトの中でしか経験することができません。AIシステムの運用を
行っていると、さまざまなイレギュラーケースに直面します。研修プログラムや

模擬演習プログラムでは扱わないようなイレギュラーケースにどう対応していくのか、経験豊富なシステムエンジニアと一緒にタスクを遂行しながら確認します。また、AIエンジニアの場合と同様に、**大規模システムを連動させるタスク**に関しては、AIプロジェクトの中で経験を積む必要があります。

4-4-2／継続学習

最新のAI動向をキャッチアップし、研修や模擬演習、OJTで学んだ知識をアップデート

　継続学習は、研修プログラムや模擬演習プログラム、OJTで学んだ知識をアップデートするための活動です。AI技術は非常に進歩が早く、過去に学んだ情報はすぐに陳腐化してしまうため、常に最新の情報にアップデートし続けることが求められます。OJTを卒業した後も、**AIプロジェクト**や**自己学習**を通して、身につけたスキル／知識を磨き続けなければなりません。また、新たに学んだ知識を自らのスキルとして定着させるために、積極的にプロジェクトメンバーやコミュニティメンバーに知識を共有することも重要です。知識を周りのメンバーに教えることで頭の中が整理され、本当に使えるスキルとして定着させることができます。

＜AI人材育成における継続学習＞

- 期間：必要なタイミングで随時実施
- 参加人数：個人ごと
- 実施内容：情報収集、自己研鑽
- 対象人材：AIプロジェクトマネージャー、AIプランナー、AIエンジニア、システムエンジニア、AIユーザー
- 期待される効果：
  研修やOJTで学んだ知識のアップデート（最新のAIテクノロジーのキャッチアップ）
  AIプロジェクトや自己学習を通したスキルの研鑽
  プロジェクトメンバーやコミュニティメンバーへの学んだ情報の共有

AI人材育成における継続学習例

例1）カンファレンスへの参加

　機械学習やデータマイニングの国際カンファレンスに参加し、最新の技術動向をキャッチアップします。機械学習やデータマイニングに関する技術は日進月歩で進化しています。日々、新しいテクノロジーが生み出されるため、AI人材は常に最新技術へのアンテナを高くしておく必要があります。機械学習では、NeurIPS（Neural Information Processing Systems）やICML（International Conference on Machine Learning）、データマイニングについてはKDD（International Conference on Knowledge Discovery and Data Mining）などが世界的なトップカンファレンスとして有名です。

- ・NeurIPS（https://neurips.cc/）
- ・ICML（https://icml.cc/）
- ・KDD（https://www.kdd.org/）

例2）流行りのAIアルゴリズムの実装

　AIプロジェクトでは、さまざまなAIアルゴリズムの中から適切なアルゴリズムを選択し、AIモデルを開発します。実際のAIプロジェクトでは、安定性、頑健性、解釈性、保守性などを考慮する必要があるため、適用するAIアルゴリズムが固定化されてきます。予測精度よりも解釈性が重視されることも多いため、「Kaggle」などの分析コンペティションで流行っているAIアルゴリズムを使わずにAIプロジェクトが終了することもあります。しかし、予測精度を重視したAIアルゴリズムに関するスキル／知識を身につけておくことは、AIモデル開発の幅を広げるという観点で重要です。分析コミュニティの「Kaggle」や、プログラマーコミュニティの「Qiita」では、流行りのAIアルゴリズムについての情報が多く掲載されています。AIプロジェクト以外の自己学習として、実際にAIアルゴリズムを試してみて、特徴をつかんでおくことが自身のスキル向上につながります。

Column ▷ オンラインでのAI人材育成

2020年の新型コロナウイルス感染症の影響を受け、オンラインでAI人材を育成する取り組みが進んでいます。AI人材育成をオンラインで実施する際の進め方／留意事項について確認しておきましょう。

研修プログラム

従来は集合研修（対面研修）として実施していた研修プログラムを、オンライン化する取り組みが進んでいます。研修プログラムをオンライン化する方法として、いつでも好きなタイミングで学ぶことのできる**eラーニング教材**を開発する方法と、Web会議システムを使った遠隔教育を実施する方法があります。4種類の研修プログラムのうち、座学と知識補完に関してはインプット型の研修なので、eラーニング教材を開発し受講者の都合に合わせてオンデマンドで知識を学べるようにします。一方、アウトプット型の研修である**グループワーク**や**マシン演習**に関しては、受講者同士のディスカッションや研修講師によるフォローが必要なため、Web会議システムを使った遠隔教育を実施します。

Web会議システムを使った遠隔教育を実施する場合は、**チャット機能や受講者をグループに分け小部屋（小会議室）を作る機能**を最大限活用します。Web会議システムとしてZoomを使っている場合は、「ブレイクアウトセッション機能」を使ってグループワーク用の小部屋（ブレイクアウトルーム）を複数作ることができます。この小部屋に受講者を移動させることによって、少人数でのグループワークを実現します。ブレイクアウトルームを使ったグループワークは、大学での講義や企業における研修プログラムでも広く使われるようになっています。

また、このブレイクアウトルームはマシン演習の際の個別フォローにも活用することができます。マシン演習で受講者から個別の質問が出た場合に、受講者と講師（あるいは演習アシスタント）をブレイクアウトルームに移動させ、個別にフォローを実施します。ブレイクアウトルームに移動させることによって、他の受講者を気にせず質問することができます。

このようにブレイクアウトセッション機能を活用することによって、従来の集合研修（対面研修）で実施していたようにグループワークおよびマシン演習を開催することができます。

模擬演習プログラム

模擬演習プログラムをオンラインで実施する際も、Web会議システムを活用します。PBL演習やプロトタイプ開発は、座学やグループワーク、マシン演習、模擬インタビュー、提案プレゼンテーションを組み合わせて実施します。研修プログラムと同様にブレイクアウトセッション機能を使ってチームごとの演習ルームを準備し、その中で演習を行います。

PBL演習やプロトタイプ開発では、課題解決に向けて参加者同士でコミュニケーションを取りながら演習を進める必要があります。参加者同士が顔見知りであればチームごとの演習もスムーズに進みますが、初対面のメンバーが多い場合は**顔合わせの時間を長めに確保すること**をお勧めします。特にオンラインの場合は参加者同士が打ち解けるまでに時間がかかるため、最初のオリエンテーションおよび顔合わせはオフライン（対面）で実施することが理想です。

分析コンテストは、以前からKaggleやSIGNATEがオンラインでコンテストを開催していることを考えると、オンラインで実施しやすい育成プログラムといえます。社内分析コンテストを開催する際も、発表会や表彰式をWeb会議システムを使った配信にすることで、比較的簡単にオンライン化することができます。またアイデアソンに関しても、グループワークと同様にブレイクアウトセッション機能を活用することによってオンライン開催を実現できます。

実践プログラム

上記のように研修プログラムや模擬演習プログラムは比較的オンライン化しやすいですが、OJTを完全にオンライン化することは難しく、**オンラインでの指導とオフラインでの指導を混ぜながら実施する**必要があります。普段の指導をオンラインで実施していたとしても、プロジェクト立ち上げやAI導入の判断、サービスインなどAIプロジェクトの節目となるタスクに関しては、オフラインでの指導を心がけましょう。OJT対象者はメンターの指導を受けながら実践力を身につけるとともに、メンターやプロジェクトメンバーの苦労している姿を見ることによってAIプロジェクトの大変さを理解します。AIプロジェクトの節目には、オフラインで顔を合せるようにします。

継続学習に関しては、eラーニング教材やWeb会議システムを使った遠隔教育などをうまく活用し、最新の活用事例や技術動向をキャッチアップします。

第 **4** 章 ＜まとめ＞

　この章で見てきたように AI人材を育成するためには、複数の育成施策を組み合わせて対応する必要があります。研修プログラム、模擬演習プログラム、実践プログラムを効果的に組み合わせて AI人材の育成に取り組みます。

研修プログラム

　AIを活用するための知識を学ぶ4つの研修プログラム

- 座学：必要な知識を座学形式で学ぶプログラム
- グループワーク：グループでアウトプットを取りまとめる作業を体験するプログラム
- マシン演習：実機／仮想環境を使って開発作業を体験するプログラム
- 知識補完：研修でカバーしきれなかった知識領域を、Webや書籍／論文で補完するプログラム

模擬演習プログラム

　研修で学んだ知識を自らのスキルとして定着させる4つの模擬演習プログラム

- PBL演習：模擬プロジェクトを通して、自ら問題を発見し解決する能力を養うプログラム
- プロトタイプ開発：簡易的な AI試作品の開発を通して、AIシステム開発を模擬体験するプログラム
- アイデアソン：AI活用のアイデアを競い合いながら AI企画を模擬体験するプログラム
- 分析コンテスト：AIの予測精度を競い合いながら AIモデル開発を模擬体験するプログラム

実践プログラム

　実際の AIプロジェクトを通して実践力を身につける実践プログラム

- OJT：熟練者による実践指導を通して、実課題を解く力を身につける

ためのプログラム

- **継続学習**：最新のAI動向をキャッチアップし、研修や模擬演習、OJTで学んだ知識をアップデートするプログラム

第 5 章

AI人材の育成

第5章では、AI人材タイプごとの育成方法について解説します。それぞれのAI人材を初級者、中級者、上級者の三段階に分け、各レベルにおける人物像、育成施策、到達目標を説明します。本章を読むことによって、それぞれのAI人材の育成手順を理解することができます。

▶ 第5章の構成

AIプロジェクト マネージャー	AIプランナー	AIエンジニア	システム エンジニア	AIユーザー
5-1	**5-2**	**5-3**	**5-4**	**5-5**
AIプロジェクト マネージャーの 育成	AIプランナー の育成	AIエンジニア の育成	システム エンジニアの 育成	AIユーザー の育成
初級者	初級者	初級者	初級者	初級者
中級者	中級者	中級者	中級者	中級者
上級者	上級者	上級者	上級者	上級者

5-1 AIプロジェクトマネージャーの育成

AIプロジェクトマネージャーは、その名の通り**AIプロジェクトをマネジメントする人材**です。AIプロジェクトマネージャーになるためには、AIプロジェクトにおけるタイムマネジメントやリソースマネジメント、品質マネジメント、リスクマネジメントに関するスキル／知識を習得する必要があります。AIプロジェクトマネージャーは、状況に応じてプロジェクトの継続／中止／方針転換を判断する必要があります。そのため、AIプロジェクトマネージャーを目指す人材としては、**プロジェクトマネジメントの経験があるマネジメント層**が向いています。AIプロジェクトマネージャーの育成は三段階で実施します。

まずは、AIプロジェクトのマネジメント業務を補佐する「AIプロジェクトマネージャー初級者」を目指します。プロジェクトマネージャーからの適切な指示の下、着実にマネジメント業務を補佐できるようになれば、次に「AIプロジェクトマネージャー中級者」を目指します。AIプロジェクトマネージャー中級者は、既知の業務領域／分析テーマ／AI技術であれば、自律的にマネジメント業務を遂行することができます。AIプロジェクトマネージャー中級者として、複数のAIプロジェクトを経験したら、最後は「AIプロジェクトマネージャー上級者」を目指します。AIプロジェクトマネージャー上級者は、豊富なAIプロジェクト経験を基に、新たな業務領域／分析テーマ／AI技術であっても柔軟にマネジメント業務を遂行することができます。

AIプロジェクト未経験者をAIプロジェクトマネージャー初級者として育成するには、3〜6カ月程度の期間が必要です。また、AIプロジェクトマネージャー初級者をAIプロジェクトマネージャー中級者として育成するには1〜2年程度、AIプロジェクトマネージャー上級者として育成するにはさらに時間がかかり、3〜5年程度の期間が必要になります。

AIプロジェクトマネージャーの育成施策

AIプロジェクトマネージャーの育成は、研修プログラムや模擬演習プログラム、実践プログラムを組み合わせて行います。AIプロジェクトの未経験者を育成する際は、最初に知識習得が必要なため、グループワークを中心に育成施策を

組み立てます。未経験者は、AIプロジェクトマネージャー初級者として**プロジェクトマネージャーの業務を補佐できること**を最初の目標にします。

次に、初級者が中級者になるためには、実際のAIプロジェクトを推進するマネジメント力を身につける必要があるため、熟練者による実践指導（OJT）を行います。PBL演習やプロトタイプ開発などの模擬演習プログラムも組み合わせ、**自律的にマネジメント業務を遂行するためのスキル**を習得します。

最後に、中級者が上級者になるためには、継続的に自己研鑽を積むとともに、複数のAIプロジェクトを経験する必要があります。業務領域や分析テーマが異なるさまざまなAIプロジェクトにアサインすることによって、**未経験の領域に対する柔軟な対応力**を身につけます。

▶ AIプロジェクトマネージャーの育成のステップ

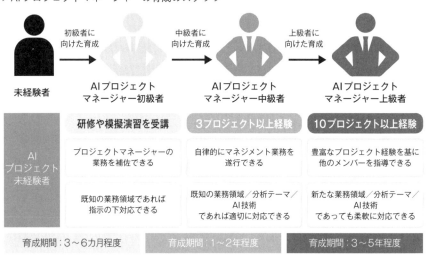

5-1-1／AIプロジェクトマネージャー初級者に向けた育成

まず、AIプロジェクト未経験者をAIプロジェクトマネージャー初級者として育成する方法を確認しておきましょう。未経験者の最初の目標は、**AIプロジェクトマネージャー初級者として必要なスキル／知識を身につけること**です。プロジェクトマネジメントを遂行するための基礎的な知識を身につけ、適切な指示の下、AIプロジェクトの進捗管理、リソース管理、リスク管理、アウトプット管理を補佐できることを目指して育成を行います。

▶ AIプロジェクトマネージャーの育成施策

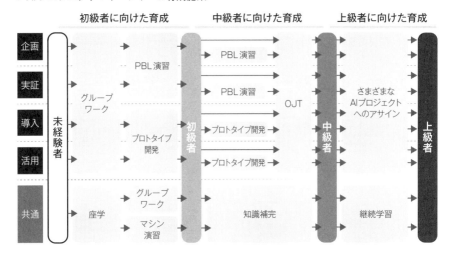

▶ AIプロジェクトマネージャー初級者の人物像

AIプロジェクトマネージャー初級者の育成施策

　まずAIプロジェクト未経験者は、AI人材として共通で必要となる「AIリテラシー」、「データリテラシー」、「AIプロジェクト遂行スキル」を学びます。次に、それぞれのフェーズにおけるタイムマネジメント、リソースマネジメント、品質マネジメント、リスクマネジメントについて学びます。典型的なAIプロジェクトのマネジメント事例をケーススタディとして、「AI企画を推進する力」、「AI実証を推進する力」、「AI導入を推進する力」、「AI活用を推進する力」を身につけます。

　また、PBL演習やプロトタイプ開発にAIプロジェクトマネージャーの役割と

して参加し、AIプランナーやAIエンジニア、システムエンジニアをマネジメントする難しさを経験します。最終的に、**プロジェクトマネージャーからの適切な指示があれば、着実にマネジメント業務を補佐できる状態**を目指します。

AIプロジェクトマネージャー初級者の育成状況の確認

　AIプロジェクト未経験者がAIプロジェクトマネージャー初級者レベルに到達できたかどうかは、到達確認リストに基づき判断します。それぞれのフェーズにおけるマネジメント業務を適切に補佐できるようになれば、AIプロジェクトマネージャー初級者レベルに到達できたといえます。AIプロジェクトマネージャー初級者レベルに到達できたかどうかは、**指示を出したプロジェクトマネージャー**に判断してもらいます。

▶ AIプロジェクトマネージャー初級者レベル到達確認リスト

	タスク	到達目標	育成施策
企画	プロジェクト推進	プロジェクトマネージャーからの適切な指示の下、AI企画フェーズの進捗管理／リソース管理／リスク管理／アウトプット管理を補佐できる	・グループワーク ・PBL演習 ・知識補完
実証	プロジェクト推進	プロジェクトマネージャーからの適切な指示の下、AI実証フェーズの進捗管理／リソース管理／リスク管理／アウトプット管理を補佐できる	
導入	プロジェクト推進	プロジェクトマネージャーからの適切な指示の下、AI導入フェーズの進捗管理／リソース管理／リスク管理／アウトプット管理を補佐できる	・グループワーク ・プロトタイプ開発 ・知識補完
活用	プロジェクト推進	プロジェクトマネージャーからの適切な指示の下、AI活用フェーズの進捗管理／リソース管理／リスク管理／アウトプット管理を補佐できる	
共通	AI利活用	基本的なAIリテラシー／データリテラシーを身につけている	・座学 ・グループワーク ・マシン演習 ・知識補完
	AIプロジェクト遂行	AIプロジェクトのタスク／進め方／留意事項を理解している	

5-1-2 ／ AIプロジェクトマネージャー中級者に向けた育成

　次はAIプロジェクトマネージャー初級者を中級者として育成する方法を見ていきましょう。AIプロジェクトマネージャー中級者は、AIプロジェクトマネージャーとして必要なスキル／知識を一通り習得しており、自律的にAIプロジェクトをマネジメントすることができます。既知の業務領域／分析テーマ／AI技術であれば、5人程度の小規模なチームを管理しAIプロジェクトを推進できます。このようなAIプロジェクトマネージャー中級者を目指して育成を行います。

▶ AIプロジェクトマネージャー中級者の人物像

タスク遂行	対象領域	プロジェクト推進	スキル
プロジェクトメンバーと協力しながら自律的にタスクを遂行できる	既知の業務領域／分析テーマ／AI技術であれば適切に対応できる	5人程度の小規模なチームを管理しAIプロジェクトを推進できる	AIプロジェクトマネージャーに必要なスキルを一通り習得している

タイムマネジメント	リソースマネジメント	リスクマネジメント	品質マネジメント
AIプロジェクトのスケジュールをコントロールし納期に間に合わせることができる	AIプロジェクトにおけるリソース(ヒト／モノ／カネ)を適切に配分できる	タスク遅延／システム障害／セキュリティ事故が起こった場合でも適切に対応できる	アウトプットのチェックポイントを設定し成果物をレビューできる

AIプロジェクトマネージャー中級者の育成施策

　AIプロジェクトマネージャー中級者に向けた育成は、熟練者による**OJT**を中心に実施します。プロジェクトマネジメントに関するスキルを、研修プログラムや模擬演習プログラムだけで習得することは難しいため、AIプロジェクトを経験しながら身につけます。

　OJTでは、「AIプロジェクトに必要なチームをデザインする力」、「AIプロジェクトを立ち上げる力」、「AIプロジェクトの契約書をまとめる力」、「異なる専門性を持ったチームを取りまとめる力」、「継続的なAI活用につなげる力」を習得するための指導を受けます。最終的に、**既知の業務領域／分析テーマ／AI技術であれば、自律的にマネジメント業務を遂行できる状態**を目指します。

AIプロジェクトマネージャー中級者の育成状況の確認

　AIプロジェクトマネージャー初級者が中級者レベルに到達できたかどうかは、到達確認リストに基づき判断します。企画フェーズから活用フェーズまでの一連のマネジメント業務を自律的に遂行できるようになれば、AIプロジェクトマネージャー中級者レベルに到達できたといえます。AIプロジェクトマネージャー中級者レベルに到達できたかどうかは、**OJTを担当したメンター**が判断します。

▶ AIプロジェクトマネージャー中級者レベル到達確認リスト

タスク			到達目標	育成施策
企画	プロジェクト推進		・異なる専門性を持ったプロジェクトメンバーを取りまとめ、AI企画を完遂できる ・アウトプットのチェックポイントを設定し成果物をレビューできる	・PBL演習 ・OJT ・知識補完
	AI企画	推進体制設計	5人程度の小規模なAIプロジェクトの推進体制を設計し、適切なメンバーをアサインできる	
	実現可能性判断		既知の業務領域／分析テーマ／AI技術であれば、AIプロジェクトの実現可能性を判断できる	
	プロジェクト立ち上げ		・AI企画の結果を踏まえ、関連部門／関係者を説得しAIプロジェクトを立ち上げることができる ・AIプロジェクトの契約書をまとめることができる	
実証	プロジェクト推進		・異なる専門性を持ったプロジェクトメンバーを取りまとめ、AI実証を完遂できる ・AIプロジェクトのスケジュールをコントロールし納期に間に合わせることができる	
	AI導入判断		既知の業務領域／分析テーマ／AI技術であれば、PoCの結果を基にAIの導入を決断できる	
導入	プロジェクト推進		・異なる専門性を持ったプロジェクトメンバーを取りまとめ、AI導入を完遂できる ・AIプロジェクトにおけるリソース（ヒト／モノ／カネ）を適切に配分できる	・プロトタイプ開発 ・OJT ・知識補完
	サービスイン		既知の業務領域／分析テーマ／AI技術であれば、総合テストの結果を基にAIシステムのサービスインを判断できる	
活用	プロジェクト推進		・既知の業務領域／分析テーマ／AI技術であれば、継続的なAI活用につなげることができる ・タスク遅延／システム障害／セキュリティ事故が起こった場合でも適切に対応できる	

5-1-3 ／ AIプロジェクトマネージャー上級者に向けた育成

　最後に、AIプロジェクトマネージャー中級者を上級者として育成する方法を見ていきましょう。AIプロジェクトマネージャー上級者は、豊富なAIプロジェクト経験を基に、新たな業務領域／分析テーマ／AI技術であっても柔軟にマネジメント業務を遂行することができます。AIプロジェクトの要所で求められる意思決定を的確に行うとともに、AIプロジェクトのスケジュール延長や予算追加をプロジェクト関係者と調整することができます。このようなAIプロジェクトマネージャー上級者を目指して育成を行います。

▶ AIプロジェクトマネージャー上級者の人物像

タスク遂行	対象領域	プロジェクト推進	スキル
豊富なプロジェクト経験を基に他のメンバーに作業を指示できる	新たな業務領域／分析テーマ／AI技術であっても柔軟に対応できる	複数チームから構成される大規模なAIプロジェクトを推進できる	最新のAI動向について継続的にキャッチアップしている

タイムマネジメント	リソースマネジメント	リスクマネジメント	品質マネジメント
AIプロジェクトのスケジュール延長をプロジェクト関係者と調整できる	AIプロジェクトの予算追加をプロジェクト関係者と調整できる	AIプロジェクトにおけるリスク対応計画を策定できる	アウトプットの品質を高めるための組織的な活動を推進できる

AIプロジェクトマネージャー上級者の育成施策

　AIプロジェクトマネージャー上級者になるためには、複数のAIプロジェクトで経験を積む必要があります。業務領域や分析テーマが異なるプロジェクトをいくつも経験することで、未知の領域への柔軟な対応力を身につけることができます。上級者に向けた育成においては、**趣向の異なるAIプロジェクトに積極的にアサイン**し、さまざまな経験が積めるように配慮します。

　AIプロジェクトマネージャー上級者は、「AIプロジェクトの実現可能性を判断する力」、「AIの導入を決断する力」、「AIシステムのサービスインを判断する力」を身につけています。この3つのスキルを習得するためには、いくつものAIプロジェクトを経験し、時間と情報が限られた状況下で意思決定する訓練を積む必要があります。最終的に、**豊富なプロジェクト経験を基に他のメンバーを指導し、新たな業務領域／分析テーマ／AI技術であっても柔軟に対応できる状態**を目指します。

AIプロジェクトマネージャー上級者の育成状況の確認

　AIプロジェクトマネージャー中級者が上級者レベルに到達できたかどうかは、到達確認リストに基づき判断します。豊富なAIプロジェクト経験を基に、新たな業務領域／分析テーマ／AI技術にも柔軟に対応できるようになれば、AIプロジェクトマネージャー上級者レベルに到達できたといえます。AIプロジェクトマネージャー上級者レベルに到達できたかどうかは、**複数のAIプロジェクトマネージャー上級者**に判断してもらいます。

▶ AIプロジェクトマネージャー上級者レベル到達確認リスト

	タスク		到達目標	育成施策
企画	プロジェクト推進		・複数チームから構成される大規模なAIプロジェクトをマネジメントできる ・AIプロジェクトにおけるリスク対応計画を策定できる	・AIプロジェクト遂行 ・継続学習
	AI企画	推進体制設計	複数チームから構成される大規模なAIプロジェクトの推進体制を設計し、適切なメンバーをアサインできる	
	実現可能性判断		未経験の業務領域／分析テーマ／AI技術であっても、柔軟にAIプロジェクトの実現可能性を判断できる	
	プロジェクト立ち上げ		未経験の業務領域／分析テーマ／AI技術であっても、関連部門／関係者を説得しAIプロジェクトを立ち上げることができる	
実証	プロジェクト推進		・複数チームから構成される大規模なAIプロジェクトをマネジメントできる ・AIプロジェクトの予算追加をプロジェクト関係者と調整できる	
	AI導入判断		未経験の業務領域／分析テーマ／AI技術であっても、PoCの結果を基にAIの導入を決断できる	
導入	プロジェクト推進		・複数チームから構成される大規模なAIプロジェクトをマネジメントできる ・AIプロジェクトのスケジュール延長をプロジェクト関係者と調整できる	
	サービスイン		未経験の業務領域／分析テーマ／AI技術であっても、総合テストの結果を基にAIシステムのサービスインを判断できる	
活用	プロジェクト推進		・未経験の業務領域／分析テーマ／AI技術であっても、AI活用を推進できる ・アウトプットの品質を高めるための組織的な活動を推進できる	

5-2 AIプランナーの育成

AIプランナーは、**AIを活用したビジネスを企画し、業務をデザインする人材**です。AIプランナーになるためには、AI企画やAI活用に関するスキル／知識を習得する必要があります。AIプランナーは、現場での業務の進め方や意思決定のやり方に対する深い理解が求められます。そのため、AIプランナーを目指す人材としては、**すでに多くのドメイン知識を保有し業務の現場で活躍しているリーダ層**が向いています。AIプランナーの育成は三段階で実施します。

まずは、既知の業務領域であればAI企画を立案できる「AIプランナー初級者」を目指します。プロジェクトメンバーからの適切な指示の下、着実に作業を実施できるようになれば、次は「AIプランナー中級者」を目指します。AIプランナー中級者は、既知の業務領域／分析テーマであれば、自律的にタスクを遂行することができます。AIプランナー中級者として、複数のAIプロジェクトを経験したら、最後は「AIプランナー上級者」を目指します。AIプランナー上級者は、豊富なAIプロジェクト経験を基に、新たな業務領域／分析テーマであっても、他のメンバーに指示を出しながら柔軟に対応することができます。

AIプロジェクト未経験者をAIプランナー初級者として育成するには、3〜6カ月程度の期間が必要になります。また、AIプランナー初級者をAIプランナー中級者として育成するには1〜2年程度、AIプランナー上級者として育成するには3〜5年程度の期間が必要になります。

AIプランナーの育成施策

AIプランナーの育成は、研修プログラムや模擬演習プログラム、実践プログラムを組み合わせて行います。AIプロジェクト未経験者を育成する際は、AI企画に関する知識を習得するために、グループワークを中心に育成施策を組み立てます。未経験者は、AIプランナー初級者として**企画フェーズのAI企画に対応できること**を最初の目標にします。

次に初級者が中級者になるためには、実際のAIプロジェクトで通用する企画力を身につける必要があります。実践的なスキルを身につけるために、熟練者によるOJTを行います。PBL演習やアイデアソンといった模擬演習プログラムも

組み合わせ、**自律的にタスクを遂行するための実行力**を身につけます。

　最後に、中級者が上級者になるためには、継続的に自己研鑽を積むとともに、複数のAIプロジェクトを経験する必要があります。業務領域や分析テーマが異なるさまざまなAIプロジェクトにアサインすることによって、**未経験の領域に対する柔軟な対応力**を身につけます。また、定期的にアイデアソンに参加することで、最新のAI活用アイデアについて学びます。

▶ AIプランナーの育成

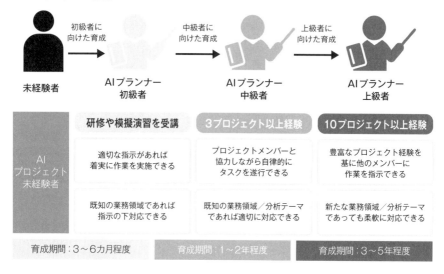

5-2-1 ／ AIプランナー初級者に向けた育成

　まず、AIプロジェクト未経験者をAIプランナー初級者として育成する方法を確認しておきましょう。未経験者の最初の目標は、AIプランナー初級者として必要なスキル／知識を身につけることです。AIプランナー初級者は、代表的なAI活用事例を理解するための基礎的な知識を身につけており、プロジェクトメンバーからの適切な指示があれば、着実に作業を実施することができます。また、グループワークやPBL演習で学んだ既知の業務領域であれば、指示の下AI企画を立案することができます。このようなAIプランナー初級者を目指して育成を行います。

▶ AIプランナーの育成施策

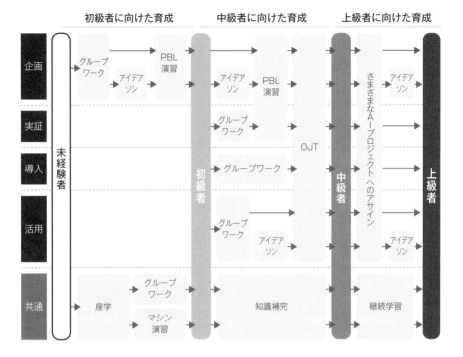

▶ AIプランナー初級者の人物像

タスク遂行

適切な指示があれば
着実に作業を実施できる

対象領域

既知の業務領域であれば
指示の下対応できる

作業計画

AIプロジェクトのタスク／
進め方／留意事項を
理解している

アウトプット

AI企画の結果を報告書に
まとめることができる

スキル

基本的なAIリテラシー／
データリテラシーを
身につけている

AI企画

代表的なAI活用事例を
理解するための基礎的な
知識を身につけている

AI実証

AIのビジネス価値を
試算する方法を知っている

AI活用

AI導入の効果を測る
業務評価指標（KPI）を
理解している

AIプランナー初級者の育成施策

　まずAIプロジェクト未経験者は、AI人材として共通で必要な「AIリテラシー」、「データリテラシー」、「AIプロジェクト遂行スキル」を学びます。次に、企画フェーズにおける課題定義やアプローチ設計、業務設計、ビジネス価値設計に関するスキルを習得します。ここではMECEやロジックツリーなどロジカルシンキングの基礎から学び始め、グループワークやPBL演習を通して、「課題をヒアリングし、構造的に整理する力」を身につけます。また、代表的なAI活用事例をケーススタディとして「課題を解決するための道筋をデザインする力」と「AI活用に必要なコストと得られる効果を試算する力」を身につけます。最終的に、**プロジェクトメンバーからの適切な指示があれば、着実に作業を実施できる状態**を目指します。

AIプランナー初級者の育成状況の確認

　AIプロジェクト未経験者がAIプランナー初級者レベルに到達できたかどうかは、到達確認リストに基づき判断します。企画フェーズにおけるタスクを適切な指示の下、実施できるようになれば、AIプランナー初級者レベルに到達できたといえます。AIプランナー初級者レベルに到達できたかどうかは、**指示を出してくれたプロジェクトメンバー**（プロジェクトリーダや上司）に判断してもらいます。

▶ AIプランナー初級者レベル到達確認リスト

タスク			到達目標	育成施策
企画	課題定義		既知の業務領域であれば、プロジェクトメンバーからの適切な指示の下、課題を構造的に整理し優先順位をつけることができる	・グループワーク ・PBL演習 ・アイデアソン ・知識補完
	AI企画	アプローチ設計	代表的なAI活用事例を理解するための基礎的な知識を身につけており、適切な指示があれば課題解決に向けたAI活用シナリオを作成することができる	
		業務設計	既知の業務領域であれば、プロジェクトメンバーからの適切な指示の下、現行業務の業務フロー／機能関連図を整理することができる	
		ビジネス価値設計	AI導入の効果を測るKPIを理解しており、適切な指示があればAI活用によって得られるビジネス価値を試算することができる	
共通	AI利活用		基本的なAIリテラシー／データリテラシーを身につけている	・座学 ・グループワーク ・マシン演習 ・知識補完
	AIプロジェクト遂行		AIプロジェクトのタスク／進め方／留意事項を理解している	

5-2-2 ／ AIプランナー中級者に向けた育成

　次に、AIプランナー初級者を中級者として育成する方法を見ていきましょう。AIプランナー中級者は、AIプランナーとして必要なスキル／知識を一通り習得しており、プロジェクトメンバーと協力しながら自律的にタスクを遂行できます。また、既知の業務領域／分析テーマであれば、タスク遂行に必要な工数を見積もり、AI企画／AI実証／AI現場適用を行うことができます。

▶ AIプランナー中級者の人物像

タスク遂行

プロジェクトメンバーと
協力しながら自律的に
タスクを遂行できる

対象領域

既知の業務領域／
分析テーマであれば
適切に対応できる

作業計画

タスク遂行に
必要な工数を
見積もることができる

アウトプット

自律的にアウトプットを
作成しプロジェクト関係者に
報告できる

スキル

AIプランナーに
必要なスキルを
一通り習得している

AI企画

対象業務を理解し
AIを活用した業務／事業を
企画できる

AI実証

AI活用に向けて
現場を巻き込むことが
できる

AI活用

数十人で利用する
小規模なAIを現場に
浸透させることができる

AIプランナー中級者の育成施策

　AIプランナー中級者に向けた育成は、研修／模擬演習とOJTを組み合わせて実施します。まずグループワークを通して、AI実証やAI現場適用で必要となるスキル／知識を習得します。また、PBL演習でのロールプレイを通して、「AI導入のビジネス価値を見極める力」や「PoCにかかる工数を見積もる力」、「わかりやすく報告書をまとめる力」、「AI活用をモニタリングする力」を身につけます。

　次に、AIプランナーとして自律的にタスクを遂行できるようになるために、熟練者によるOJTを行います。OJTでは、「AIを活用した業務／事業をデザインする力」や「PoCを計画する力」、「AI活用に向けて現場を巻き込む力」、「AIシステムを要件定義する力」、「AI活用を現場に浸透させる力」を中心に指導を受けます。最終的に、**既知の業務領域／分析テーマであれば、自律的にタスクを遂行できる状態**を目指します。

育成状況の確認

　AIプランナー初級者が中級者レベルに到達できたかどうかは、到達確認リストに基づき判断します。企画フェーズから活用フェーズまでの一連のタスクを自律的に遂行できるようになれば、AIプランナー中級者レベルに到達できたといえます。AIプランナー中級者レベルに到達できたかどうかは、**OJTを担当したメンター**が判断します。

▶AIプランナー中級者レベル到達確認リスト

タスク			到達目標	育成施策
企画	課題定義		既知の業務領域／分析テーマであれば、業務部門にヒアリングを行い課題を定義できる	・PBL演習 ・アイデアソン ・OJT ・知識補完
	AI企画	アプローチ設計	既知の業務領域／分析テーマであれば、適切なAI活用のスコープを定義できる	
		業務設計	既知の業務領域／分析テーマであれば、AIを活用した業務／事業を設計できる	
		ビジネス価値設計	既知の業務領域／分析テーマであれば、AI活用のビジネス価値とコストを試算できる	
実証	PoC計画		既知の業務領域／分析テーマであれば、タスク遂行に必要な工数を見積もりPoC計画を策定できる	・グループワーク ・PBL演習 ・OJT ・知識補完
	PoC	業務検証	AIを活用した業務／事業の実行可能性を検証するために、現場部門を巻き込むことができる	
		ビジネス価値検証	既知の業務領域／分析テーマであれば、AI活用のビジネス価値を評価できる	
	PoC結果報告		業務検証およびビジネス価値検証の結果をステークホルダーに報告できる	
導入	要件定義		数十人で利用する小規模な業務システムの機能要件／非機能要件を定義できる	・グループワーク ・OJT ・知識補完
活用	AI業務活用	現場適用	数十人で利用する小規模なAIシステムを現場に浸透させることができる	・グループワーク ・アイデアソン ・OJT ・知識補完
	モニタリング	活用評価	AIの活用状況をモニタリングし、AI活用内容の見直しを提案できる	

5-2-3 ／ AIプランナー上級者に向けた育成

　最後に、AIプランナー中級者を上級者として育成する方法を見ていきましょう。AIプランナー上級者はAI活用事例に精通し、数千人で利用する大規模なAIを現場に浸透させることができます。豊富なAIプロジェクト経験を基に、新たな業務領域／分析テーマであっても、最新のAI動向を踏まえ柔軟に対応することができます。このようなAIプランナー上級者を目指して育成を行います。

▶ AI プランナー上級者の人物像

タスク遂行	対象領域	作業計画	アウトプット
豊富なプロジェクト経験を基に他のメンバーに作業を指示できる	新たな業務領域／分析テーマであっても柔軟に対応できる	プロジェクトメンバーの作業進捗を管理できる	プロジェクトメンバーのアウトプットをレビューし修正箇所を指摘できる

スキル	AI企画	AI実証	AI活用
最新のAI動向について継続的にキャッチアップしている	AI活用事例に精通しAIを活用した業務／事業の企画を推進できる	AIを活用した業務の実行可能性を見極めることができる	数千人で利用する大規模なAIを現場に浸透させることができる

AIプランナー上級者の育成施策

　AIプランナー上級者になるためには、複数のAIプロジェクトで経験を積む必要があります。業務領域や分析テーマが異なるプロジェクトをいくつも経験することで、未知の領域への柔軟な対応力を身につけることができます。上級者に向けた育成においては、**趣向の異なるAIプロジェクトに積極的にアサイン**し、さまざまな経験が積めるように配慮します。

　AIプランナー上級者は、「AIを活用した業務の実行可能性を見極める力」を身につけています。このスキルを習得するためには、複数のAIプロジェクトで業務の実行可能性を見極める訓練を積む必要があります。また、普段から最新のAI活用事例を収集し、類似した業務領域におけるAI活用トレンドを押さえておく必要があります。最終的に、**豊富なプロジェクト経験を基に他のメンバーに作業を指示し、新たな業務領域／分析テーマであっても柔軟に対応できる状態**を目指します。

AIプランナー上級者の育成状況の確認

　AIプランナー中級者が上級者レベルに到達できたかどうかは、到達確認リストに基づき判断します。豊富なAIプロジェクト経験を基に、新たな業務領域／分析テーマにも柔軟に対応できるようになれば、AIプランナー上級者レベルに到達できたといえます。AIプランナー上級者レベルに到達できたかどうかは、**複数のAIプランナー上級者**に判断してもらいます。

▶ AIプランナー上級者レベル到達確認リスト

タスク			到達目標	育成施策
企画	課題定義		未経験の業務領域／分析テーマであっても、業務部門にヒアリングを行い課題を定義できる	・AIプロジェクト遂行 ・アイデアソン ・継続学習
	AI企画	アプローチ設計	未経験の業務領域／分析テーマであっても、柔軟にAI活用のスコープを定義できる	
		業務設計	未経験の業務領域／分析テーマであっても、柔軟にAIを活用した業務／事業を設計できる	
		ビジネス価値設計	未経験の業務領域／分析テーマであっても、柔軟にAI活用のビジネス価値とコストを試算できる	
実証	PoC計画		未経験の業務領域／分析テーマであっても、柔軟にPoC計画を策定できる	
	PoC	業務検証	業務検証を推進し、AIを活用した業務の実行可能性を見極めることができる	
		ビジネス価値検証	未経験の業務領域／分析テーマであっても、柔軟にAI活用のビジネス価値を評価できる	
	PoC結果報告		業務検証およびビジネス価値検証の結果をレビューし、修正箇所を指摘できる	
導入	要件定義		数千人で利用する大規模な業務システムの機能要件／非機能要件を定義できる	
活用	AI業務活用	現場適用	数千人で利用する大規模なAIシステムを現場に浸透させることができる	
	モニタリング	活用評価	AIの活用評価を推進し、さらなる業務改善を提案できる	

5-3 AIエンジニアの育成

AIエンジニアは、**AIモデルを設計／開発し、システムに実装する人材**です。AIエンジニアになるためには、AIモデルの開発や分析システムの開発に関するスキル／知識を習得する必要があります。AIモデルの開発には、数理・統計の知識が欠かせません。現在、AIを活用するためのライブラリーや、AI機能を搭載したソフトウェアが数多く登場していますが、高度で複雑なAIモデルを開発しようとすると、数理・統計の知識が必要になります。そのため、**数理・統計の素養を持った層**がAIエンジニアに向いています。AIエンジニアの育成は三段階で実施します。

まずは、既知の分析テーマであれば、AIモデル開発を実施できる「AIエンジニア初級者」を目指します。プロジェクトメンバーからの適切な指示の下、着実に作業を実施できるようになれば、次は「AIエンジニア中級者」を目指します。AIエンジニア中級者は、既知の業務領域／分析テーマ／AI技術であれば、自律的にタスクを遂行することができます。AIエンジニア中級者として、複数のAIプロジェクトを経験したら、最後は「AIエンジニア上級者」を目指します。AIエンジニア上級者は、豊富なAIプロジェクト経験を基に、新たな業務領域／分析テーマ／AI技術であっても、他のメンバーに指示を出しながら柔軟に対応することができます。

AIプロジェクト未経験者をAIエンジニア初級者として育成するには、3～6カ月程度の期間が必要になります。また、AIエンジニア初級者をAIエンジニア中級者として育成するには1～2年程度、AIエンジニア上級者として育成するには3～5年程度の期間が必要になります。

AIエンジニアの育成施策

AIエンジニアの育成は、研修プログラムや模擬演習プログラム、実践プログラムを組み合わせて行います。AIプロジェクト未経験者を育成する際は、最初にAIモデル開発に関する知識習得が必要なため、マシン演習を中心に育成施策を組み立てます。未経験者は、AIエンジニア初級者として**実証フェーズのAIモデル開発および活用フェーズのAIモデル更新に対応できること**を最初の目標にします。

次に初級者が中級者になるためには、実際のAIプロジェクトで通用する分析

力を身につける必要があります。実践的なスキルを身につけるために、熟練者によるOJTを行います。また、PBL演習やプロトタイプ開発といった模擬演習プログラムも組み合わせ、**自律的にタスクを遂行するための実行力**を身につけます。

　最後に、中級者が上級者になるためには、継続的に自己研鑽を積むとともに、複数のAIプロジェクトを経験する必要があります。業務領域や分析テーマ、適用するAI技術が異なるさまざまなAIプロジェクトにアサインすることによって、**未経験の領域に対する柔軟な対応力**を身につけます。また、定期的に分析コンテストに参加することで、最新のAI動向について学びます。

▶ AIエンジニアの育成

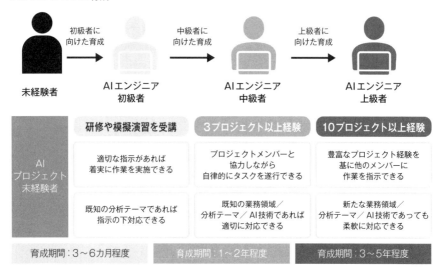

5-3-1 ／ AIエンジニア初級者に向けた育成

　まず、AIプロジェクト未経験者をAIエンジニア初級者として育成する方法を確認しておきましょう。未経験者の最初の目標は、**AIエンジニア初級者として必要なスキル／知識を身につけること**です。AIエンジニア初級者は、AI技術や分析システムに関する基礎的な知識を身につけており、プロジェクトメンバーからの適切な指示があれば、着実に作業を実施することができます。また、マシン演習やPBL演習で学んだ既知の分析テーマであれば、指示の下AIモデルを開発することができます。このようなAIエンジニア初級者を目指して育成を行います。

▶ AIエンジニアの育成施策

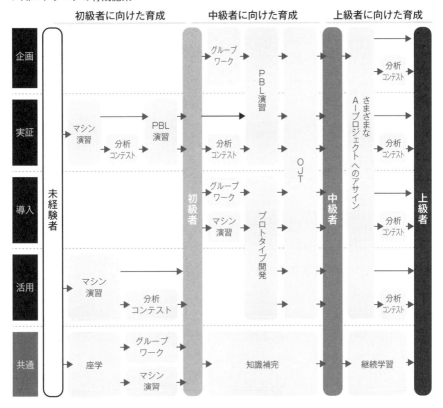

AIエンジニア初級者の育成施策

　まずAIプロジェクト未経験者は、AI人材に共通して必要な「AIリテラシー」、「データリテラシー」、「AIプロジェクト遂行スキル」を学びます。次に、実証フェーズにおけるデータ収集やAIモデル開発、活用フェーズにおけるAIモデル更新に関するスキルを習得します。シンプルなAIモデルを開発することから学び始め、マシン演習やPBL演習、分析コンテストを通して、「必要なデータを収集する力」、「収集したデータを加工処理する力」、「データを可視化する力」、「AIモデルを開発する力」、「AIモデルを評価／改善する力」、「わかりやすく報告書をまとめる力」を身につけます。また、運用しているAIモデルの更新／入れ替えプロセスについて学び、「AI活用をモニタリングする力」、「AIモデルを入れ替える力」を身につけます。最終的に、**プロジェクトメンバーからの適切な指示があれば、着実に作業を実施できる状態**を目指します。

▶ AIエンジニア初級者の人物像

タスク遂行
適切な指示があれば
着実に作業を実施できる

対象領域
既知の分析テーマであれば
指示の下対応できる

作業計画
AIプロジェクトのタスク／
進め方／留意事項を
理解している

アウトプット
データ解析の結果を
報告書に
まとめることができる

スキル
基本的なAIリテラシー／
データリテラシーを
身につけている

AI開発
AIモデルを開発するための
基礎的なスキル／
知識を身につけている

AI技術
AI技術に関する
基礎的な知識を
身につけている

システム開発
分析システムに関する
基礎的な知識を
身につけている

AIエンジニア初級者の育成状況の確認

　AIプロジェクト未経験者がAIエンジニア初級者レベルに到達できたかどうか
は、到達確認リストに基づき判断します。適切な指示の下、タスクを実施できる
ようになれば、AIエンジニア初級者レベルに到達できたといえます。AIエンジ
ニア初級者レベルに到達できたかどうかは、**指示を出してくれたプロジェクトメ
ンバー**（プロジェクトリーダーや上司）に判断してもらいます。

▶ AIエンジニア初級者レベル到達確認リスト

タスク			到達目標	育成施策
実証	PoC	データ収集	プロジェクトメンバーからの適切な指示の下、既知のデータソースから数十万件程度のデータを収集できる	・マシン演習 ・分析コンテスト ・PBL演習 ・知識補完
		AIモデル検証	・収集したデータを加工処理し、適切に可視化することができる ・適切な指示があればシンプルなAIモデルを開発／評価／改善することができる	
	PoC結果報告		AI技術に関する基礎的な知識を身につけており、プロジェクトメンバーからの適切な指示の下、AIモデル開発の結果を報告書にまとめることができる	
活用	モニタリング	活用評価	分析システムに関する基礎的な知識を身につけており、プロジェクトメンバーからの適切な指示があればAIモデルの活用状況をモニタリングできる	・マシン演習 ・分析コンテスト ・知識補完
		AI改善	AIモデルを開発するための基礎的なスキル／知識を身につけており、プロジェクトメンバーからの適切な指示があれば運用しているAIモデルを更新できる	
共通	AI利活用		基本的なAIリテラシー／データリテラシーを身につけている	・座学 ・グループワーク ・マシン演習 ・知識補完
	AIプロジェクト遂行		AIプロジェクトのタスク／進め方／留意事項を理解している	

5-3-2 ╱ AIエンジニア中級者に向けた育成

　次はAIエンジニア初級者を中級者として育成する方法を見ていきましょう。AIエンジニア中級者は、AIエンジニアとして必要なスキル／知識を一通り習得しており、プロジェクトメンバーと協力しながら自律的にタスクを遂行できます。また、既知の業務領域／分析テーマ／AI技術であれば、タスク遂行に必要な工数を見積もり、AI企画／AIモデル開発／分析システム開発を行うことができます。このようなAIエンジニア中級者を目指して育成を行います。

▶ AIエンジニア中級者の人物像

タスク遂行

プロジェクトメンバーと協力しながら自律的にタスクを遂行できる

対象領域

既知の業務領域／分析テーマ／AI技術であれば適切に対応できる

作業計画

タスク遂行に必要な工数を見積もることができる

アウトプット

自律的にアウトプットを作成しプロジェクト関係者に報告できる

スキル

AIエンジニアに必要なスキルを一通り習得している

AI開発

代表的なAIアルゴリズムを理解しAIモデルを開発／改善できる

AI技術

代表的なAIアルゴリズムを理解し分析システムを設計できる

システム開発

数十万レコードを処理する小規模な分析システムを開発できる

AIエンジニア中級者の育成施策

　AIエンジニア中級者に向けた育成は、研修／模擬演習とOJTを組み合わせて実施します。まずグループワークやマシン演習を通してAI企画やAIモデル開発、分析システム開発で必要となるスキル／知識を習得します。また、PBL演習でのロールプレイを通して「分析プロセスをデザインする力」や「適切なAIアルゴリズムを選択する力」、「AIを活用するためのシステムをデザインする力」、「PoCにかかる工数を見積もる力」、「必要なデータがそろっているか判断する力」を身につけます。さらに、AIシステムのプロトタイプ開発を経験することで「AIに学習させるためのシステムを設計する力」を身につけます。

　次に、AIエンジニアとして自律的にタスクを遂行できるようになるために、熟練者によるOJTを行います。OJTでは、「課題を解決するための道筋をデザイン

する力」や「AIで解くべき課題か目利きする力」、「PoCを計画する力」、「AIシステムを要件定義する力」、「本番導入するAIモデルを開発する力」、「AIの更新／入れ替えを判断する力」を中心に指導を受けます。最終的に、**既知の業務領域／分析テーマ／AI技術であれば、自律的にタスクを遂行できる状態**を目指します。

AIエンジニア中級者の育成状況の確認

AIエンジニア初級者が中級者レベルに到達できたかどうかは、到達確認リストに基づき判断します。企画フェーズから活用フェーズまでの一連のタスクを自律的に遂行できるようになれば、AIエンジニア中級者レベルに到達できたといえます。AIエンジニア中級者レベルに到達できたかどうかは、**OJTを担当したメンター**が判断します。

5-3-3 ／ AIエンジニア上級者に向けた育成

最後に、AIエンジニア中級者を上級者として育成する方法を見ていきましょう。AIエンジニア上級者はAI技術やAIアルゴリズムに精通し、複雑なAIモデルを開発したり、AIシステムをチューニングしたりすることができます。豊富なAIプロジェクト経験を基に、新たな業務領域／分析テーマ／AI技術であっても、最新のAI動向を踏まえ柔軟に対応することができます。このようなAIエンジニア上級者を目指して育成を行います。

AIエンジニア上級者の育成施策

AIエンジニア上級者になるためには、複数のAIプロジェクトで経験を積む必要があります。業務領域や分析テーマ、適用するAI技術が異なるプロジェクトをいくつも経験することで、未経験の領域への柔軟な対応力を身につけることができます。上級者に向けた育成においては、**趣向の異なるAIプロジェクトに積極的にアサイン**し、さまざまな経験が積めるように配慮します。

AIエンジニア上級者は、「AIシステムのシステム諸元を見極める力」および「AIシステムをチューニングする力」を身につけています。この2つのスキルを習得するためには、継続的に最新のAI動向をキャッチアップするとともに、活用領域の異なるAIシステムの開発を多数経験する必要があります。最終的に、**豊富なプロジェクト経験を基に他のメンバーに作業を指示し、新たな業務領域／分析テーマ**

タスク			到達目標	育成施策
企画	AI企画	アプローチ設計	・既知の業務領域／分析テーマ／AI技術であれば、適切なAI活用のスコープを定義できる ・AIで解くべき課題か目利きすることができる	・グループワーク ・PBL演習 ・OJT ・知識補完
		分析プロセス設計	適切なAIアルゴリズムを選択し、分析プロセスを設計できる	
		アーキテクチャ設計	代表的なAI技術を理解し、適切なAIシステムの構成を設計できる	
実証		PoC計画	既知の業務領域／分析テーマ／AI技術であれば、タスク遂行に必要な工数を見積もり、PoC計画を策定できる	・PBL演習 ・分析コンテスト ・OJT ・知識補完
	PoC	データ収集	・新たなデータソースから数十万件程度のデータを収集できる ・分析目的に照らし合わせ必要なデータがそろっているか判断できる	
		AIモデル検証	既知の分析テーマ／AI技術であれば、複雑なAIモデルを開発できる	
		アーキテクチャ検証	既知の分析テーマ／AI技術であれば、適切にAIシステムを検証できる	
		PoC結果報告	AIモデル検証およびアーキテクチャ検証の結果をプロジェクト関係者に報告できる	
導入		要件定義	数十万レコードを処理する小規模な分析システムの機能要件／非機能要件を定義できる	・グループワーク ・プロトタイプ開発 ・OJT ・知識補完
	システム設計	分析システム設計	数十万レコードを処理する小規模な分析システムを設計できる	
	システム開発	分析システム開発	数十万レコードを処理する小規模な分析システムを構築し、本番AIモデルを開発できる	・マシン演習 ・プロトタイプ開発 ・OJT ・知識補完
		総合テスト	数十万レコードを処理する小規模なAIシステムをテストできる	
活用	モニタリング	活用評価	AIモデルの活用状況を踏まえ、AI活用内容の見直しを提案できる	・プロトタイプ開発 ・OJT ・知識補完
		AI改善	運用しているAIモデルの更新／入れ替えを判断し、AIモデルを入れ替えることができる	

／**AI技術であっても柔軟に対応できる状態**を目指します。

AIエンジニア上級者の育成状況の確認

　AIエンジニア中級者が上級者レベルに到達できたかどうかは、到達確認リストに基づき判断します。豊富なAIプロジェクト経験を基に、新たな業務領域／分析テーマ／AI技術にも柔軟に対応できるようになれば、AIエンジニア上級者レベルに到達できたといえます。AIエンジニア上級者レベルに到達できたかどうかは、**複数のAIエンジニア上級者**に判断してもらいます。

▶ AIエンジニア上級者の人物像

タスク遂行	対象領域	作業計画	アウトプット
豊富なプロジェクト経験を基に他のメンバーに作業を指示できる	新たな業務領域／分析テーマ／AI技術であっても柔軟に対応できる	プロジェクトメンバーの作業進捗を管理できる	プロジェクトメンバーのアウトプットをレビューし修正箇所を指摘できる

スキル	AI開発	AI技術	システム開発
最新のAI動向について継続的にキャッチアップしている	AIアルゴリズムに精通し複雑なAIモデルを開発／改善できる	AI技術に精通しAIシステムをチューニングできる	数千万レコードを処理する大規模な分析システムを開発できる

▶ AIエンジニア上級者レベル到達確認リスト

<table>
<thead>
<tr><th colspan="3">タスク</th><th>到達目標</th><th>育成施策</th></tr>
</thead>
<tbody>
<tr><td rowspan="3">企画</td><td rowspan="3">AI企画</td><td>アプローチ設計</td><td>未経験の業務領域／分析テーマ／AI技術であっても、柔軟にAI活用のスコープを定義できる</td><td rowspan="17">・AIプロジェクト遂行
・分析コンテスト
・継続学習</td></tr>
<tr><td>分析プロセス設計</td><td>未経験の分析テーマ／AI技術であっても、柔軟に分析プロセスを設計できる</td></tr>
<tr><td>アーキテクチャ設計</td><td>未経験の分析テーマ／AI技術であっても、柔軟にAIシステム構成を設計できる</td></tr>
<tr><td rowspan="5">実証</td><td colspan="2">PoC計画</td><td>未経験の業務領域／分析テーマ／AI技術であっても、柔軟にPoC計画を策定できる</td></tr>
<tr><td rowspan="3">PoC</td><td>データ収集</td><td>新たなデータソースであっても、適切にデータ収集を推進できる</td></tr>
<tr><td>AIモデル検証</td><td>未経験の分析テーマ／AI技術であっても、柔軟にAIモデルの開発を推進できる</td></tr>
<tr><td>アーキテクチャ検証</td><td>・未経験の分析テーマ／AI技術であっても、柔軟にAIシステムの検証を推進できる
・AIシステムのシステム諸元を見極めることができる</td></tr>
<tr><td colspan="2">PoC結果報告</td><td>AIモデル検証およびアーキテクチャ検証の結果をレビューし、修正箇所を指摘できる</td></tr>
<tr><td rowspan="4">導入</td><td colspan="2">要件定義</td><td>数千万レコードを処理する大規模な分析システムの機能要件／非機能要件を定義できる</td></tr>
<tr><td>システム設計</td><td>分析システム設計</td><td>数千万レコードを処理する大規模な分析システムを設計できる</td></tr>
<tr><td>システム開発</td><td>分析システム開発</td><td>数千万レコードを処理する大規模な分析システムの構築を推進し、本番AIモデルを開発できる</td></tr>
<tr><td colspan="2">総合テスト</td><td>・数千万レコードを処理する大規模なAIシステムのテストを推進できる
・AIシステム全体を通した負荷テストを行い本番AIモデルをチューニングできる</td></tr>
<tr><td rowspan="2">活用</td><td rowspan="2">モニタリング</td><td>活用評価</td><td>AIモデルの活用評価を推進できる</td></tr>
<tr><td>AI改善</td><td>運用しているAIモデルの更新／入れ替えを推進できる</td></tr>
</tbody>
</table>

5-4 システムエンジニアの育成

　システムエンジニアは、**AIをビジネス活用するためのシステムを開発／運用する人材**です。システムエンジニアになるためには、AIシステムの開発やAIシステムの運用に関するスキル／知識を習得する必要があります。システムエンジニアの育成は三段階で実施します。

　まずは、既知のAI技術であれば、業務システムおよび連携システムを開発できる「システムエンジニア初級者」を目指します。プロジェクトメンバーからの適切な指示の下、着実に作業を実施できるようになれば、次は「システムエンジニア中級者」を目指します。システムエンジニア中級者は、既知の業務領域／AI技術であれば、自律的にタスクを遂行することができます。システムエンジニア中級者として、複数のAIプロジェクトを経験したら、最後は「システムエンジニア上級者」を目指します。システムエンジニア上級者は、豊富なAIプロジェクト経験を基に、新たな業務領域／AI技術であっても、他のメンバーに指示を出しながら柔軟に対応することができます。

　AIプロジェクト未経験者をシステムエンジニア初級者として育成するには、3〜6カ月程度の期間が必要になります。また、システムエンジニア初級者をシステムエンジニア中級者として育成するには1〜2年程度の期間が、システムエンジニア上級者として育成するには3〜5年程度の期間が必要になります。

システムエンジニアの育成施策

　システムエンジニアの育成は、研修プログラムや模擬演習プログラム、実践プログラムを組み合わせて行います。AIプロジェクト未経験者を育成する際は、最初にAIシステム開発に関する知識習得が必要なため、マシン演習を中心に育成施策を組み立てます。未経験者は、システムエンジニア初級者として**実証フェーズのデータ収集、導入フェーズのシステム開発、活用フェーズのシステム運用に対応できること**を最初の目標にします。

　次に初級者が中級者になるためには、実際のAIプロジェクトで通用するシステム開発力を身につける必要があります。実践的なスキルを身につけるために、熟練者によるOJTを行います。AIシステム開発を一気通貫で体験するプロトタ

イプ開発とOJTを組み合わせ、**自律的にタスクを遂行するための実行力**を身につけます。

　最後に、中級者が上級者になるためには、継続的に自己研鑽を積むとともに、複数のAIプロジェクトを経験する必要があります。業務領域や適用するAI技術が異なるさまざまなAIプロジェクトにアサインすることによって、**未経験の領域に対する柔軟な対応力**を身につけます。

▶ システムエンジニアの育成

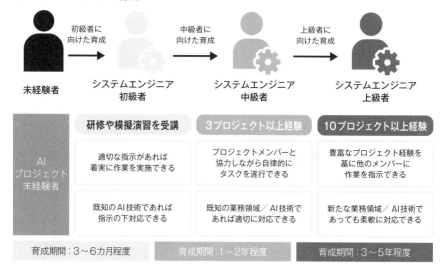

5-4-1／システムエンジニア初級者に向けた育成

　まず、AIプロジェクト未経験者をシステムエンジニア初級者として育成する方法を確認しておきましょう。未経験者の最初の目標は、**システムエンジニア初級者として必要なスキル／知識を身につけること**です。システムエンジニア初級者は、AIシステム開発やAIシステム運用に関する基礎的な知識を身につけており、プロジェクトメンバーからの適切な指示があれば、着実に作業を実施することができます。また、マシン演習やプロトタイプ開発で学んだ既知のAI技術であれば、指示の下、AIを活用するためのUIやデータ加工処理を開発することができます。このようなシステムエンジニア初級者を目指して育成を行います。

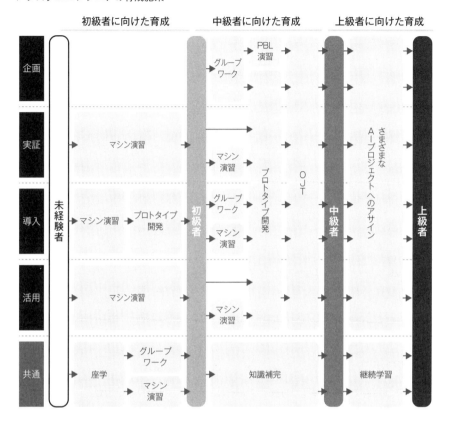

システムエンジニア初級者の育成施策

　まずAIプロジェクト未経験者は、AI人材として共通で必要となる「AIリテラシー」、「データリテラシー」、「AIプロジェクト遂行スキル」を学びます。次に、実証フェーズにおけるデータ収集、導入フェーズにおけるシステム開発、活用フェーズにおけるシステム運用に関するスキルを習得します。構造化データの加工処理や画面開発から学び始め、マシン演習やプロトタイプ開発を通して、「必要なデータを収集する力」、「AIを活用するためのUIを開発する力」、「データ連携システムを開発する力」を身につけます。また、AIシステムの運用手順について学び、「AI活用をモニタリングする力」、「イレギュラーデータに対応する力」、「AIが実装されたシステムを運用する力」を身につけます。最終的に、**プロジェクトメンバーからの適切な指示があれば、着実に作業を実施できる状態**を目指します。

▶ システムエンジニア初級者の人物像

タスク遂行
適切な指示があれば
着実に作業を実施できる

対象領域
既知のAI技術であれば
指示の下対応できる

作業計画
AIプロジェクトのタスク／
進め方／留意事項を
理解している

アウトプット
システム開発／テストの結果を
報告書にまとめることができる

スキル
基本的なAIリテラシー／
データリテラシーを
身につけている

AI技術
AI技術に関する基礎的な
知識を身につけている

システム開発
AIシステム開発に関する
基礎的な知識を
身につけている

システム運用
AIシステム運用に関する
基礎的な知識を
身につけている

システムエンジニア初級者の育成状況の確認

　AIプロジェクト未経験者がシステムエンジニア初級者レベルに到達できたかどうかは、到達確認リストに基づき判断します。実証フェーズおよび導入フェーズ、活用フェーズにおけるタスクを、適切な指示の下、実施できるようになれば、システムエンジニア初級者レベルに到達できたといえます。システムエンジニア

▶ システムエンジニア初級者レベル到達確認リスト

	タスク		到達目標	育成施策
実証	PoC	データ収集	プロジェクトメンバーからの適切な指示の下、既知のデータソースから数十万件程度のデータを収集できる	・マシン演習 ・知識補完
導入	システム開発	業務システム開発	AIシステム開発に関する基礎的な知識を身につけており、適切な指示があればAIを活用するためのUIを開発できる	・マシン演習 ・プロトタイプ開発 ・知識補完
		連携システム開発	AIシステム開発に関する基礎的な知識を身につけており、適切な指示があれば構造化データ／非構造化データの加工処理を開発できる	
活用	モニタリング	活用評価	既知のAI技術であれば、プロジェクトメンバーからの適切な指示の下、AIシステムの活用状況をモニタリングできる	・マシン演習 ・知識補完
	システム運用		AI技術に関する基礎的な知識を身につけており、適切な指示があればイレギュラーデータに気付くことができる	
			AIシステム運用に関する基礎的な知識を身につけており、適切な指示があれば数十人で利用する小規模なAIシステムを監視することができる	
共通	AI利活用		基本的なAIリテラシー／データリテラシーを身につけている	・座学 ・グループワーク ・マシン演習 ・知識補完
	AIプロジェクト遂行		AIプロジェクトのタスク／進め方／留意事項を理解している	

初級者レベルに到達できたかどうかは、**指示を出してくれたプロジェクトメンバー**（プロジェクトリーダーや上司）に判断してもらいます。

5-4-2／システムエンジニア中級者に向けた育成

　次はシステムエンジニア初級者を中級者として育成する方法を見ていきましょう。システムエンジニア中級者は、システムエンジニアとして必要なスキル／知識を一通り習得しており、プロジェクトメンバーと協力しながら自律的にタスクを遂行できます。また、既知の業務領域／AI技術であれば、タスク遂行に必要な工数を見積もり、AIシステムの要件定義や設計／開発／運用を行うことができます。このようなAIエンジニア中級者を目指して育成を行います。

システムエンジニア中級者の育成施策

　システムエンジニア中級者に向けた育成は、研修／模擬演習とOJTを組み合わせて実施します。まずグループワークやマシン演習を通して、AIシステムの要件定義や設計／開発／運用で必要となるスキル／知識を習得します。また、AIシステムのプロトタイプ開発を経験することで、「AIを活用する人の目線でUI設計する力」、「データ処理プロセスを設計する力」、「PoCにかかる工数を見積もる力」、「わかりやすく報告書をまとめる力」を身につけます。

　次に、システムエンジニアとして自律的にタスクを遂行できるようになるため

▶ システムエンジニア中級者の人物像

タスク遂行

プロジェクトメンバーと協力しながら自律的にタスクを遂行できる

対象領域

既知の業務領域／AI技術であれば適切に対応できる

作業計画

タスク遂行に必要な工数を見積もることができる

アウトプット

自律的にアウトプットを作成しプロジェクト関係者に報告できる

スキル

システムエンジニアに必要なスキルを一通り習得している

AI技術

代表的なAI技術を理解しAIシステムを設計できる

システム開発

数十万レコードを処理する小規模なAIシステムを設計／開発できる

システム運用

数十人で利用する小規模なAIシステムを運用できる

に、熟練者によるOJTを行います。OJTでは、「AIを活用するためのシステムをデザインする力」や「PoCを計画する力」、「AIシステムを要件定義する力」、「AIシステムを増強する力」を中心に指導を受けます。最終的に、**既知の業務領域／AI技術であれば、自律的にタスクを遂行できる状態**を目指します。

システムエンジニア中級者の育成状況の確認

システムエンジニア初級者が中級者レベルに到達できたかどうかは、到達確認リストに基づき判断します。企画フェーズから活用フェーズまでの一連のタスクを自律的に遂行できるようになれば、システムエンジニア中級者レベルに到達できたといえます。システムエンジニア中級者レベルに到達できたかどうかは、**OJTを担当したメンター**が判断します。

▶ システムエンジニア中級者レベル到達確認リスト

タスク			到達目標	育成施策
企画	AI企画	アーキテクチャ設計	代表的なAI技術を理解し、適切なAIシステム構成を設計できる	・グループワーク ・プロトタイプ開発 ・OJT ・知識補完
実証	PoC計画		既知の業務領域／AI技術であれば、タスク遂行に必要な工数を見積もり、PoC計画を策定できる	・マシン演習 ・プロトタイプ開発 ・OJT ・知識補完
	PoC	データ収集	新たなデータソースから数十万件程度のデータを収集できる	
		アーキテクチャ検証	既知の業務領域／AI技術であれば、適切にAIシステムを検証できる	
	PoC結果報告		アーキテクチャ検証の結果をプロジェクト関係者に報告できる	
導入	要件定義		数十人で利用する小規模な業務システムおよび連携システムの機能要件／非機能要件を定義できる	・グループワーク ・プロトタイプ開発 ・OJT ・知識補完
	システム設計	業務システム設計	・数十人で利用する小規模な業務システムを設計できる ・AIを活用する人の目線でUIを設計できる	
		連携システム設計	数十万レコードを処理する小規模な連携システムを設計できる	
	システム開発	業務システム開発	数十人で利用する小規模な業務システムを開発できる	・マシン演習 ・プロトタイプ開発 ・OJT ・知識補完
		連携システム開発	数十万レコードを処理する小規模な連携システムを開発できる	
	総合テスト		数十万レコードを処理する小規模なAIシステムをテストできる	
活用	モニタリング	活用評価	AIシステムの活用状況を踏まえ、AIシステムの見直しを提案できる	・マシン演習 ・プロトタイプ開発 ・OJT ・知識補完
		システム改善	数十万レコードを処理する小規模なAIシステムのシステムリソースを増強できる	
	システム運用		少数のイレギュラーデータが発生しても適切に対処できる	
			数十人で利用する小規模なAIシステムを運用できる	

5-4-3／システムエンジニア上級者に向けた育成

最後に、システムエンジニア中級者を上級者として育成する方法を見ていきましょう。システムエンジニア上級者はAI技術に精通し、数千万レコードを処理する大規模なAIシステムを開発したり、数千人で利用する大規模なAIシステムを運用したりすることができます。豊富なAIプロジェクト経験を基に、新たな業務領域／AI技術であっても、最新のAI動向を踏まえ柔軟に対応することができます。このようなシステムエンジニア上級者を目指して育成を行います。

▶ システムエンジニア上級者の人物像

タスク遂行

豊富なプロジェクト経験を
基に他のメンバーに
作業を指示できる

対象領域

新たな業務領域／
AI技術であっても
柔軟に対応できる

作業計画

プロジェクトメンバーの
作業進捗を管理できる

アウトプット

プロジェクトメンバーの
アウトプットをレビューし
修正箇所を指摘できる

スキル

最新のAI技術について
継続的に
キャッチアップしている

AI技術

AI技術に精通し
AIシステムを
チューニングできる

システム開発

数千万レコードを処理する
大規模なAIシステムの
開発を推進できる

システム運用

数千人で利用する
大規模なAIシステムの
運用を推進できる

システムエンジニア上級者の育成施策

システムエンジニア上級者になるためには、複数のAIプロジェクトで経験を積む必要があります。業務領域や適用するAI技術が異なるプロジェクトをいくつも経験することで、未経験の領域への柔軟な対応力を身につけることができます。上級者に向けた育成においては、**趣向の異なるAIプロジェクトに積極的にアサイン**し、さまざまな経験が積めるように配慮します。

システムエンジニア上級者は、「AIシステムのシステム諸元を見極める力」および「適切なデータ処理技術／蓄積技術を選択する力」、「AIシステムをチューニングする力」を身につけています。この3つのスキルを習得するためには、継続的に最新のAI動向をキャッチアップするとともに、適用技術の異なるAIシス

テムの開発を多数経験する必要があります。最終的に、**豊富なプロジェクト経験を基に他のメンバーに作業を指示し、新たな業務領域／AI技術であっても柔軟に対応できる状態**を目指します。

システムエンジニア上級者の育成状況の確認

　システムエンジニア中級者が上級者レベルに到達できたかどうかは、到達確認リストに基づき判断します。豊富なAIプロジェクト経験を基に、新たな業務領域／AI技術にも柔軟に対応できるようになれば、システムエンジニア上級者レベルに到達できたといえます。システムエンジニア上級者レベルに到達できたかどうかは、**複数のシステムエンジニア上級者**に判断してもらいます。

▶ システムエンジニア上級者レベル到達確認リスト

タスク			到達目標	育成施策
企画	AI企画	アーキテクチャ設計	未経験の業務領域／AI技術であっても、柔軟にAIシステム構成を設計できる	
	PoC計画		未経験の業務領域／AI技術であっても、柔軟にPoC計画を策定できる	
実証	PoC	データ収集	新たなデータソースであっても、適切にデータ収集を推進できる	
		アーキテクチャ検証	・未経験の業務領域／AI技術であっても、柔軟にAIシステムの検証を推進できる ・AIシステムのシステム諸元を見極めることができる	
	PoC結果報告		アーキテクチャ検証の結果をレビューし、修正箇所を指摘できる	
導入	要件定義		数千人で利用する大規模な業務システムおよび連携システムの機能要件／非機能要件を定義できる	・AIプロジェクト遂行 ・継続学習
	システム設計	業務システム設計	数千人で利用する大規模な業務システムを設計できる	
		連携システム設計	適切なデータ処理技術／蓄積技術を選択し、数千万レコードを処理する大規模な連携システムを設計できる	
	システム開発	業務システム開発	数千人で利用する大規模な業務システムの開発を推進できる	
		連携システム開発	数千万レコードを処理する大規模な連携システムの開発を推進できる	
	総合テスト		・数千万レコードを処理する大規模なAIシステムのテストを推進できる ・AIシステムを全体最適という目線でチューニングできる	
活用	モニタリング	活用評価	AIシステムの活用評価を推進できる	
		システム改善	数千万レコードを処理する大規模なAIシステムのシステムリソースを増強できる	
	システム運用		多数のイレギュラーデータが発生しても柔軟に対応できる	
			数千人で利用する大規模なAIシステムの運用を推進できる	

5-5 AIユーザーの育成

AIユーザーは、**AIを業務に利活用する人材**です。AIユーザーは、AIリテラシーおよびデータリテラシーを身につけ、AIを活用した業務を遂行します。AIユーザーの育成は三段階で実施します。

まずは、AIが出力した結果を正しく解釈できる「AIユーザー初級者」を目指します。適切な指示の下、AIを活用した作業を着実に実施できるようになれば、次は「AIユーザー中級者」を目指します。AIユーザー中級者は、AIが出力した結果の妥当性をチェックし、不備を指摘することができます。AIユーザー中級者としてAIを活用した業務を自律的に遂行できるようになったら、最後は「AIユーザー上級者」を目指します。AIユーザー上級者は、豊富なAI活用経験を基に、AIシステムの活用方法を部下や同僚に教えたり、AIを活用した業務の見直しを提言したりすることができます。

AI活用未経験者をAIユーザー初級者として育成するには、2週間～1カ月程度の期間が必要になります。また、AIユーザー初級者をAIユーザー中級者として育成するには半年～1年程度の期間が、AIユーザー上級者として育成するには1～3年程度の期間が必要になります。

▶ AIユーザーの育成

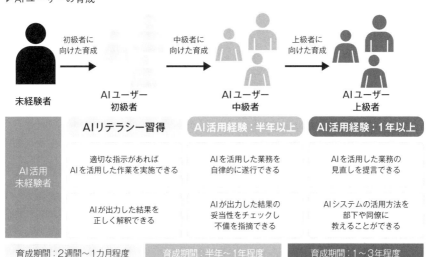

AIユーザーの育成施策

　AIユーザーの育成は、研修プログラムを中心に組み立てます。AI活用未経験者を育成する際は、最初にAIリテラシー／データリテラシーの習得が必要なため、座学およびマシン演習を実施します。また、マシン演習を通してAIシステムの操作方法を学ぶとともに、AIプランナーからAIシステムの活用方法をレクチャーしてもらいます。未経験者は、AIユーザー初級者として**AIが出力した結果を正しく解釈できること**を最初の目標にします。

　次に初級者が中級者になるためには、AIが出力した結果の妥当性をチェックする力を身につける必要があります。日々の業務を遂行する中で、AIユーザー上級者に教えてもらいながら、AIが出力した結果の不備を指摘する力を磨きます。積極的にAIシステムを利用し、**AIを活用した業務を自律的に遂行できる状態**を目指します。

　最後に、中級者が上級者になるためには、継続的にAI活用事例を収集するとともに、複数の業務領域でのAI活用を経験する必要があります。さまざまな業務領域におけるAI活用を経験することによって、**新たな業務領域のAI活用であっても柔軟に対応すること**ができるようになります。また、アイデアソンへの参加を通して、AI活用に関する改善のヒントを得ます。

▶AIユーザーの育成施策

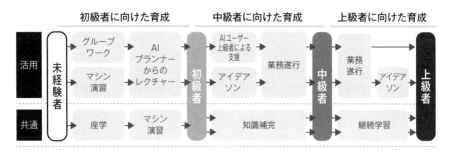

5-5-1 ／ AIユーザー初級者に向けた育成

　まず、AI活用未経験者をAIユーザー初級者として育成する方法を確認しておきましょう。未経験者の最初の目標は、**AIリテラシー／データリテラシーを身につけること**です。AIユーザー初級者は、確率・統計に関する基礎的な知識と

AIシステムの操作方法を身につけており、適切な指示があればAIを活用した作業を実施することができます。また、AIが出力した結果を鵜呑みにせず、確率的・統計的な観点から出力結果を正しく解釈することができます。このようなAIユーザー初級者を目指して育成を行います。

▶ AIユーザー初級者の人物像

| 業務領域 | データリテラシー | 心得 |
| AIを活用した業務の作業内容を理解している | 確率・統計に関する基礎的な知識を身につけている | 社会におけるAIの利活用事例を知っている |

| AI活用 | AI理解 | AIシステム |
| 適切な指示があればAIを活用した作業を実施できる | AIが出力した結果を正しく解釈できる | AIシステムの操作方法を理解している |

AIユーザー初級者の育成施策

　まずAI活用未経験者は、AI人材として共通で必要となる「AIリテラシー」および「データリテラシー」を身につけます。次にマシン演習を通して、AIシステムの操作方法／活用方法を習得します。AIシステムの活用方法は、AIの現場適用を担当するAIプランナーが準備したドキュメント／マニュアルを使って、AIプランナーからレクチャーしてもらいます。最終的に、**適切な指示があれば、AIを活用した作業を実施できる状態**を目指します。

AIユーザー初級者の育成状況の確認

　AI活用未経験者がAIユーザー初級者レベルに到達できたかどうかは、到達確認リストに基づき判断します。AIを活用した作業を、適切な指示の下、実施できるようになれば、AIユーザー初級者レベルに到達できたといえます。AIユーザー初級者レベルに到達できたかどうかは、**指示を出してくれたメンバー**（上司やプロジェクト関係者）に判断してもらいます。

▶ AIユーザー初級者レベル到達確認リスト

タスク			到達目標	育成施策
活用	AI業務活用	業務遂行	AIを活用した業務の内容を理解しており、適切な指示があればAIを活用した作業を実施できる	・グループワーク ・マシン演習 ・AIプランナーからのレクチャー ・知識補完
			適切な指示の下、AIシステムを操作しAIを活用した作業を実施できる	
			AIが出力した結果を鵜呑みにせず、確率的・統計的な観点から出力結果を正しく解釈できる	
共通	AI利活用	AIリテラシー	自身が担当する業務領域におけるAIの利活用事例を3つ知っている	・座学 ・グループワーク ・マシン演習 ・知識補完
		データリテラシー	データの分布とばらつき、相関と因果の違い、母集団と標本、確率について説明できる	

5-5-2 ╱ AIユーザー中級者に向けた育成

　次はAIユーザー初級者を中級者として育成する方法を見ていきましょう。AIユーザー中級者は、AIシステムを使いこなし、AIを活用した業務を自律的に遂行できます。また、AIが出力した結果の妥当性を、ビジネス的／業務的な観点でチェックし不備を指摘することができます。このようなAIユーザー中級者を目指して育成を行います。

▶ AIユーザー中級者の人物像

業務領域

普段の業務における
AI活用であれば
適切に対応できる

データリテラシー

データを使って論理的に
物事を説明できる

心得

AI活用により
社会問題となった事例の
論点を説明できる

AI活用

AIを活用した業務を
自律的に遂行できる

AI理解

AIが出力した結果の
妥当性をチェックし
不備を指摘できる

AIシステム

AIシステムを使いこなし
AIに情報を
フィードバックできる

AIユーザー中級者の育成施策

　AIユーザー中級者に向けた育成は、日々の業務を遂行する中で実施します。普段の業務の中でAIシステムを積極的に活用することによって、「AIシステムを使いこなし活用する力」を習得します。また、AIユーザー上級者に教えてもらいながら、AIが出力した結果の妥当性をチェックし、間違っている箇所や修正が必要な箇所を指摘する力を身につけます。最終的に、**AIを活用した業務を自律的に遂行できる状態**を目指します。

AIユーザー中級者の育成状況の確認

　AIユーザー初級者が中級者レベルに到達できたかどうかは、到達確認リストに基づき判断します。AIを活用した業務を自律的に遂行できるようになれば、AIユーザー中級者レベルに到達できたといえます。AIユーザー中級者レベルに到達できたかどうかは、**AIユーザー上級者**に判断してもらいます。

▶AIユーザー中級者レベル到達確認リスト

タスク			到達目標	育成施策
活用	AI業務活用	業務遂行	AIシステムを使いこなし、AIを活用した業務を自律的に遂行できる	・業務遂行 ・AIユーザー上級者による支援 ・アイデアソン ・知識補完
			AIが出力した結果の妥当性をビジネス的／業務的な観点でチェックし、間違っている箇所や修正が必要な箇所を指摘することができる	
			AIに修正が必要な箇所をフィードバックし、AIの精度を維持／向上させる活動に協力している	
共通	AI利活用	AIリテラシー	AI活用により社会問題となった事例の論点を説明できる	
		データリテラシー	勘や経験に頼ることなく、データを使って論理的に意思決定を行うことができる	

5-5-3 ／ AIユーザー上級者に向けた育成

　最後に、AIユーザー中級者を上級者として育成する方法を見ていきましょう。AIユーザー上級者は、豊富なAI活用経験を基に、AIシステムの活用方法を部下や同僚に教えたり、AIを活用した業務の見直しを提言したりすることができます。また、AIのバイアスについて理解し、自部門で活用するAIのリスクを説明することができます。このようなAIユーザー上級者を目指して育成を行います。

▶ AIユーザー上級者の人物像

業務領域

新たな業務領域のAI活用
であっても柔軟に対応できる

データリテラシー

データを分析し新たな
知見を得ることができる

心得

AIのバイアスについて理解し
自部門で活用するAIの
リスクを説明できる

AI活用

AIを活用した業務の
見直しを提言できる

AI理解

AIの精度を維持／向上
させる活動を主導している

AIシステム

AIシステムの活用方法を
部下や同僚に教えることができる

AIユーザー上級者の育成施策

　AIユーザー上級者になるためには、AIの仕組みを理解し、さまざまなAI活用の経験を積む必要があります。**複数の業務領域におけるAI活用**を経験することで、新たな業務領域におけるAI活用であっても柔軟に対応できるようになります。また、同業種／異業種のAIの活用事例を収集したりアイデアソンに参加したりして、最新のAI活用のアイデアについて学ぶことも重要です。そのような活動を通して、AI活用を推進するスキルを習得します。最終的に、**AIシステムの活用方法を部下や同僚にレクチャーし、AIを活用した業務の見直しを提言できる状態**を目指します。

AIユーザー上級者の育成状況の確認

　AIユーザー中級者が上級者レベルに到達できたかどうかは、到達確認リストに基づき判断します。豊富なAI活用経験を基に、AIを活用した業務の見直しを提言できるようになれば、AIユーザー上級者レベルに到達できたといえます。AIユーザー上級者レベルに到達できたかどうかは、複数の**AIユーザー上級者**に判断してもらいます。

▶ AIユーザー上級者レベル到達確認リスト

タスク			到達目標	育成施策
活用	AI業務活用	業務遂行	新たな業務領域のAI活用であっても柔軟に対応できる	・業務遂行 ・アイデアソン ・継続学習
			AIシステムの活用方法を部下や同僚に教えることができる	
			AIを活用した業務の見直しを提言できる	
共通	AI利活用	AIリテラシー	AIのバイアスについて理解し、自部門で活用するAIのリスクを説明できる	
		データリテラシー	AIシステムのデータを分析し、業務を改善するための新たな知見を得ることができる	

第 5 章 ＜まとめ＞

　この章で見てきたように AI 人材タイプごとに目指すべき人材像が異なるため、いくつかの育成を組み合わせながら人材育成に取り組む必要があります。AI 人材の育成は、初級者、中級者、上級者の三段階で実施します。未経験者を初級者として育成するには 3 〜 6 カ月程度の期間が、初級者を中級者として育成するには 1 〜 2 年程度の期間が、そして上級者として育成するには 3 〜 5 年程度の期間が必要になります。それぞれのレベルに到達できたかどうかは、到達レベル確認リストに基づき判断します。

AI プロジェクトマネージャーの育成

　グループワーク、OJT などの育成施策を組み合わせて育成を行う

- 初級者：プロジェクトマネジメントを遂行するための基礎的な知識を身につけており、適切な指示の下、AI プロジェクトのマネジメント業務を補佐することができる
- 中級者：AI プロジェクトマネージャーとして必要なスキル／知識を一通り習得しており、5 人程度の小規模なチームであれば自律的に AI プロジェクトを推進できる
- 上級者：豊富な AI プロジェクト経験を基に、複数チームから構成される大規模な AI プロジェクトをマネジメントできる

AI プランナーの育成

　グループワーク、アイデアソン、OJT などの育成施策を組み合わせて育成を行う

- 初級者：代表的な AI 活用事例を理解するための基礎的な知識を身につけており、プロジェクトメンバーからの適切な指示があれば、AI 企画を立案できる
- 中級者：AI プランナーとして必要なスキル／知識を一通り習得しており、数十人で利用する小規模な AI を現場に浸透させることができる
- 上級者：AI の活用事例に精通し、数千人で利用する大規模な AI を現場に浸透させることができる

AIエンジニアの育成

マシン演習、PBL演習、OJTなどの育成施策を組み合わせて育成を行う

- 初級者：AI技術や分析システムに関する基礎的な知識を身につけており、プロジェクトメンバーからの適切な指示があれば、AIモデルを開発できる
- 中級者：AIエンジニアとして必要なスキル／知識を一通り習得しており、数十万レコードを処理する小規模な分析システムを構築し、本番AIモデルを開発できる
- 上級者：AI技術やAIアルゴリズムに精通し、数千万レコードを処理する大規模な分析システムの構築を推進できる

システムエンジニアの育成

マシン演習、プロトタイプ開発、OJTなどの育成施策を組み合わせて育成を行う

- 初級者：AIシステム開発やAIシステム運用に関する基礎的な知識を身につけており、プロジェクトメンバーからの適切な指示があれば、業務システム／連携システムを開発できる
- 中級者：システムエンジニアとして必要なスキル／知識を一通り習得しており、数十万レコードを処理する小規模な業務システム／連携システムを設計／開発できる
- 上級者：AI技術に精通し、数千万レコードを処理する大規模なAIシステムを開発／運用できる

AIユーザーの育成

座学、マシン演習などの育成施策を組み合わせて育成を行う

初級者：確率・統計に関する基礎的な知識とAIシステムの操作方法を身につけており、適切な指示があれば、AIを活用した作業を実施できる

中級者：AIシステムを使いこなし、AIが出力した結果の妥当性を、ビジネス的／業務的な観点でチェックし不備を指摘することができる

上級者：豊富なAI活用経験を基に、AIシステムの活用方法を部下や同僚に教えたり、AIを活用した業務の見直しを提言したりすることができる

第 **6** 章

企業における
AI人材育成

第6章では、企業におけるAI人材育成の進め方について解説します。AI人材育成への取り組みを黎明期、発展期、成熟期の三段階に分け、それぞれの段階で実施すべき育成施策について解説します。

　6-1では、企業におけるAI人材育成の進め方を紹介するとともに、AI人材育成計画の策定方法について解説します。6-2では、AI人材育成を始めたばかりの黎明期における人材管理施策／人材育成施策／情報共有施策について解説します。6-3では、事業拡大に応じたAI人材の拡充施策について解説します。最後に6-4では、持続的なAI人材の育成に向けて全社で取り組むべき施策について解説します。本章を読むことによって、企業におけるAI人材育成の進め方および留意事項を理解することができます。

▶ 第6章の構成

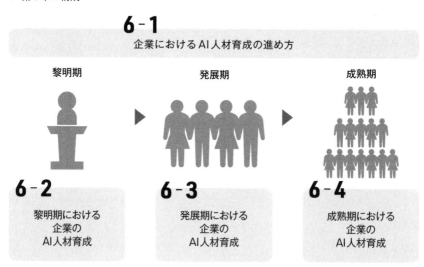

6-1
企業におけるAI人材育成の進め方

黎明期　　　　　　　発展期　　　　　　　成熟期

6-2
黎明期における
企業の
AI人材育成

6-3
発展期における
企業の
AI人材育成

6-4
成熟期における
企業の
AI人材育成

6-1 企業におけるAI人材育成の進め方

　企業におけるAI人材育成は、AI人材育成計画の策定から始まります。どのAI人材タイプをいつまでに何名育成するのか計画し、育成計画書としてまとめます。

　AI人材の育成は、育成規模に応じて三段階に分けることができます。AI人材育成を始めて1〜2年目の「黎明期」では、直近のAIプロジェクトに対応できる**即戦力人材の育成**に取り組みます。黎明期で育成するAI人材の数は、会社の規模によって異なりますが、まずは数名〜十数名の育成を目標に活動します。ある程度AIプロジェクトに対応できる人材が増えてきたら、AI人材育成の「発展期」に3〜5年ほど入ります。発展期では、**事業拡大に応じて必要となる数十名〜百名のAI人材を育成することを目標**に活動を進めます。自社内のAI人材で安定的にAIプロジェクトを進めることができるようになれば、最後の「成熟期」に入ります。育成を始めて5〜8年目の成熟期では、**全社的な活動として持続的に数百名規模のAI人材育成**に取り組みます。

▶ 企業におけるAI人材育成の進め方

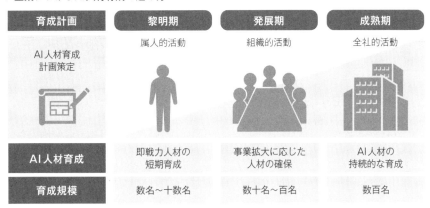

6-1-1 ／ AI人材育成計画の策定

　AI人材育成計画は、**自社で必要となるAI人材のタイプを明確にすること**から始めます。AI人材はAIプロジェクトマネージャーからAIユーザーまで、さま

ざまな人材タイプに分けることができます。AI事業を専門にしている企業では、自社ですべての人材タイプを内部育成することを目標に活動しますが、それ以外の企業では一部の人材タイプのみ内部育成し、その他は外部委託で賄うことが一般的です。まず自社で内部育成すべき人材タイプを明確にした上で、育成計画を検討します。

　次に、**それぞれの人材タイプをいつまでに何名育成するのか目標人数を設定**します。企業によって必要となるAI人材の数は異なりますが、3～5年程度の将来を見据え、内部育成するAI人材の目標数を設定します。そして最後に、AI人材の育成方法について検討します（AI人材タイプごとの育成方法は第5章参照）。

▶ AI人材育成計画の策定

育成するAI人材の明確化

どの人材タイプを
内部育成するのか？

自社で必要な
AI人材タイプの確認
（内部育成する人材タイプの選定）

AI人材目標数の設定

AI人材をいつまでに
何名育成するのか？

事業規模に合わせた
必要数の確認
（内部育成する目標数の設定）

AI人材育成方法の検討

どのような施策を
組み合わせて
育成していくのか？

AI人材タイプごとの
育成方法の確認
（必要スキルと育成施策の紐づけ）

6-1-2 ／ 育成するAI人材の明確化

　企業におけるAI人材の構成として、どのようなパターンがあるのか確認しておきましょう。どの人材タイプを内部育成／外部委託するのかによって、**5つの構成パターン**に分けることができます。AI人材の外部委託先としては、コンサルティングファームやAI専門会社、ITベンダーなどがあります。どの構成パターンを採用するかによって、自社内で育成すべき人材タイプが変わってくるため、AI人材育成計画の中で明確にしておく必要があります。

▶ 企業におけるAI人材の構成パターン

構成パターン	AIプロジェクト マネージャー 	AIプランナー 	AIエンジニア 	システム エンジニア	AIユーザー
①完全内製型	すべて内部で育成				社員／ エンドユーザー
②企画外注型	内部育成	(コンサルティング ファームなどに委託)	内部育成		社員／ エンドユーザー
③エンジニア外注型	内部育成		(AI専門会社/ITベンダーなどに委託)		社員／ エンドユーザー
④専門家外注型	(コンサルティングファーム／AI専門会社／ITベンダーなどに委託)			内部育成	社員／ エンドユーザー
⑤アウトソーシング型	(コンサルティングファーム／ AI専門会社／ ITベンダーなどに委託)				社員／ エンドユーザー

AI人材構成パターン：①完全内製型

　「完全内製型」は、企画フェーズから活用フェーズまでAI活用に関わるすべてのタスクを、自社内のAI人材で対応するパターンです。**AIを競争力の源泉と位置付けている企業や、AIを活用した業務の実現を支援するITベンダー**などがこのパターンに該当します。これらの企業は自社内でAI活用に関わるタスクを完結させる必要があるため、すべてのAI人材を内部で育成します。必要に応じて、外部から必要な人材を調達することもありますが、基本的に自社内で一通りの人材タイプがそろうように内製化を進めます。

　完全内製型を目指す場合は、AI人材育成プログラムも自社内で独自構築することが一般的です。他社が提供するAI人材育成プログラムを流用するだけでは競争優位につながらないため、自社の事業ドメインや従業員構成に応じたオリジナルの育成プログラムの作成が必要になります。

＜完全内製型の育成方針＞
- 実施タスク：AI活用に関わるすべてのタスクを自社内のAI人材で対応
- 育成対象：AIプロジェクトマネージャー、AIプランナー、AIエンジニア、システムエンジニア、AIユーザー
- 外部委託：必要に応じて不足分を外部から調達

▶ 完全内製型のタスク役割分担

フェーズ	No.		タスク	内部育成	外部委託
企画	1		課題定義	●	
	2	AI企画	アプローチ設計	●	
	3		業務設計	●	
	4		分析プロセス設計	●	
	5		アーキテクチャ設計	●	
	6		推進体制設計	●	
	7		ビジネス価値設計	●	
	8		実現可能性判断	●	
	9		プロジェクト立ち上げ	●	
実証	10		PoC計画	●	
	11	PoC	データ収集	●	
	12		AIモデル検証	●	
	13		業務検証	●	
	14		アーキテクチャ検証	●	
	15		ビジネス価値検証	●	
	16		PoC結果報告	●	
	17		AI導入判断	●	

フェーズ	No.		タスク	内部育成	外部委託
導入	18		要件定義	●	
	19	システム設計	業務システム設計	●	
	20		連携システム設計	●	
	21		分析システム設計	●	
	22	システム開発	業務システム開発	●	
	23		連携システム開発	●	
	24		分析システム開発	●	
	25		総合テスト	●	
	26		サービスイン	●	
活用	27	AI業務活用	現場適用	●	
	28		業務遂行	●	
	29	モニタリング	活用評価	●	
	30		AI改善	●	
	31		システム改善	●	
	32		システム運用	●	

●：主担当

AI人材構成パターン：②企画外注型

　「企画外注型」は、企画フェーズに関するタスクを外部に委託し、それ以外の
タスクを自社内のAI人材で対応するパターンです。**AI導入経験の少ない企業**や、
新たなAIビジネスを立ち上げようとしている事業会社などがこのパターンに該
当します。AI企画の得意なコンサルティングファームなどに企画フェーズのタ
スクを委託し、AI活用の企画案をまとめてもらいます。自社内では、企画フェー
ズ以外の実証フェーズから活用フェーズを遂行するAI人材を育成します。

　企画外注型では、AI企画そのものを外部に委託するため、実現可能性の乏し
いAI企画案が納品されてしまうリスクがあります。絵に描いた餅のような企画
案を受け取らないために、**自社内でAI企画の実現可能性を判断できる人材を育
成しておくこと**が重要になります。また、外部委託先が企画の立てっぱなしで終
わらないように、業務検証や現場適用の協力を依頼し、活用フェーズまで関係性
を維持することも必要です。外部委託先に活用フェーズまで見据えてAI企画案
を作成してもらうことが、AIプロジェクトの成功につながります。

＜企画外注型の育成方針＞

　• **実施タスク**：企画フェーズは外部に委託し、実証フェーズから活用フェーズ

を自社で対応

- 育成対象：AIプロジェクトマネージャー、AIプランナー、AIエンジニア、システムエンジニア、AIユーザー
- 外部委託：企画フェーズを担当する人材

▶ 企画外注型のタスク役割分担

フェーズ	No.	タスク		内部育成	外部委託
企画	1	課題定義			●
	2	AI企画	アプローチ設計		●
	3		業務設計		●
	4		分析プロセス設計		●
	5		アーキテクチャ設計		●
	6		推進体制設計		●
	7		ビジネス価値設計		●
	8	実現可能性判断		○	●
	9	プロジェクト立ち上げ		●	
実証	10	PoC計画		●	○
	11	PoC	データ収集	●	
	12		AIモデル検証	●	
	13		業務検証	●	○
	14		アーキテクチャ検証	●	
	15		ビジネス価値検証	●	○
	16	PoC結果報告		●	○
	17	AI導入判断		●	

フェーズ	No.	タスク		内部育成	外部委託
導入	18	要件定義		●	○
	19	システム設計	業務システム設計	●	
	20		連携システム設計	●	
	21		分析システム設計	●	
	22	システム開発	業務システム開発	●	
	23		連携システム開発	●	
	24		分析システム開発	●	
	25	総合テスト		●	
	26	サービスイン		●	
活用	27	AI業務活用	現場適用	●	○
	28		業務遂行	●	
	29	モニタリング	活用評価	●	
	30		AI改善	●	
	31		システム改善	●	
	32	システム運用		●	

●：主担当
○：作業協力

AI人材構成パターン：③エンジニア外注型

「エンジニア外注型」は、AIエンジニアとシステムエンジニアが担当するタスクを外部に委託するパターンです。**AI専門会社と連携している事業会社**や、**ITを専門とするグループ企業を持つ事業会社**などがこのパターンに該当します。技術的な専門性が求められるAIモデル開発やAIシステム開発を外部に委託するため、自社の人材はAI企画やAI活用に注力することができます。エンジニアを多く抱えていない企業でも、このパターンを採用することでAI活用に取り組むことができます。

エンジニア外注型では、AI改善／システム改善のたびに、社外のエンジニアに作業を依頼する必要があるため、自社でAIエンジニア、システムエンジニアを抱えるよりもコスト増になる場合があります。また委託先のエンジニアのドメイン知識やAI実装スキルが不足していた場合、希望通りのAIモデルやAIシステムが納品されないリスクもあります。エンジニア外注型を採用する場合は、外部委託先の品質を管理できる人材を内部で育成しておくことが重要になります。

<エンジニア外注型の育成方針>

- 実施タスク：AIモデル開発やAIシステム開発、AIシステム運用を外部に委託し、AI企画やAI活用を自社で対応
- 育成対象：AIプロジェクトマネージャー、AIプランナー、AIユーザー
- 外部委託：AIエンジニア、システムエンジニア

▶ エンジニア外注型のタスク役割分担

フェーズ	No.	タスク		内部育成	外部委託
企画	1	課題定義		●	
	2	AI企画	アプローチ設計	●	○
	3		業務設計	●	
	4		分析プロセス設計		●
	5		アーキテクチャ設計		●
	6		推進体制設計	●	
	7		ビジネス価値設計	●	
	8	実現可能性判断		●	○
	9	プロジェクト立ち上げ		●	
実証	10	PoC計画		○	●
	11	PoC	データ収集		●
	12		AIモデル検証		●
	13		業務検証	●	○
	14		アーキテクチャ検証		●
	15		ビジネス価値検証		●
	16	PoC結果報告		○	●
	17	AI導入判断		●	

フェーズ	No.	タスク		内部育成	外部委託
導入	18	要件定義		○	●
	19	システム設計	業務システム設計		●
	20		連携システム設計		●
	21		分析システム設計		●
	22	システム開発	業務システム開発		●
	23		連携システム開発		●
	24		分析システム開発		●
	25	総合テスト		○	●
	26	サービスイン		●	
活用	27	AI業務活用	現場適用	●	
	28		業務遂行	●	
	29	モニタリング	活用評価	○	●
	30		AI改善		●
	31		システム改善		●
	32	システム運用			●

●：主担当
○：作業協力

AI人材構成パターン：④専門家外注型

「専門家外注型」は、AIプロジェクトに関する専門性を持つAIプロジェクトマネージャー、AIプランナー、AIエンジニアが担当するタスクを外部に委託するパターンです。**初めてAI導入を行う企業**や、**AI専門会社と連携している事業会社**などがこのパターンに該当します。AIプロジェクトのマネジメントからシステム構築まで外部に委託するため、AI導入経験のない企業でも、このパターンを採用することでAI活用に取り組むことができます。外部委託先としては、コンサルティングファームやAI専門会社、ITベンダーなどがあります。

専門家外注型では、日頃から社内システムを運用しているシステムエンジニアの役割が重要になります。外部委託先とうまく連携しながら、AIモデル開発に必要なデータを収集したり、業務システムの中にAIモデルを組み込んだりしま

す。最終的に構築されたAIシステムは、自社のシステムエンジニアが運用することになるため、外部委託先からしっかりとスキルトランスファー（引継ぎ）を受けておくことが重要になります。

<専門家外注型の育成方針>
- 実施タスク：AI企画／実証／導入に関するタスクを外部に委託し、AI活用やAIシステム運用を自社で対応
- 育成対象：システムエンジニア、AIユーザー
- 外部委託：AIプロジェクトマネージャー、AIプランナー、AIエンジニア

▶ 専門家外注型のタスク役割分担

フェーズ	No.	タスク		内部育成	外部委託
企画	1	課題定義			●
	2	AI企画	アプローチ設計		●
	3		業務設計		●
	4		分析プロセス設計		●
	5		アーキテクチャ設計		●
	6		推進体制設計		●
	7		ビジネス価値設計		●
	8	実現可能性判断		○	
	9	プロジェクト立ち上げ		●	
実証	10	PoC計画			●
	11	PoC	データ収集	○	
	12		AIモデル検証		●
	13		業務検証		●
	14		アーキテクチャ検証	○	
	15		ビジネス価値検証		●
	16	PoC結果報告			●
	17	AI導入判断		●	

フェーズ	No.	タスク		内部育成	外部委託
導入	18	要件定義		○	●
	19	システム設計	業務システム設計	○	●
	20		連携システム設計		●
	21		分析システム設計		●
	22	システム開発	業務システム開発		●
	23		連携システム開発		●
	24		分析システム開発		●
	25	総合テスト		○	●
	26	サービスイン			●
活用	27	AI業務活用	現場適用	○	●
	28		業務遂行	●	
	29	モニタリング	活用評価	●	○
	30		AI改善	○	●
	31		システム改善	●	
	32	システム運用		●	

●：主担当
○：作業協力

AI人材構成パターン：⑤アウトソーシング型

　「アウトソーシング型」は、AIプロジェクトに関するタスクの大部分を外部に委託するパターンです。**AI活用だけに注力したい企業**や**自社内にAIを実装する人材を抱えることができない事業会社**などがこのパターンに該当します。AIに関する専門性が求められるタスクを外部に委託するため、自社の人材はAI活用に注力することができます。AIの専門家を抱えていない企業でも、このパターンを採用することでAI活用を始めることができます。外部委託先としては、コンサルティングファームやAI専門会社、ITベンダーなどがあります。

　アウトソーシング型では、AIプロジェクトに関する大部分のタスクを外部に

委託しますが、それぞれのフェーズにおける意思決定は自社で行う必要があります。AIプロジェクトを立ち上げるか、AI導入に進むか、AIシステムをサービスインするかなどを自社内で協議し決定します。そのため、各フェーズで意思決定を行う人材は内部で育成しておかなければなりません。また、外部委託先とうまく連携しながら現場適用を進めるために、自社内に一定数以上のAIユーザー上級者を育成しておくことも重要になります。

＜アウトソーシング型の育成方針＞

- **実施タスク**：AIプロジェクトに関するタスクを外部に委託し、AI活用のみ自社で対応
- **育成対象**：AIユーザー
- **外部委託**：AIプロジェクトマネージャー、AIプランナー、AIエンジニア、システムエンジニア

▶アウトソーシング型のタスク役割分担

フェーズ	No.	タスク		内部育成	外部委託
企画	1		課題定義		●
	2	AI企画	アプローチ設計		●
	3		業務設計		●
	4		分析プロセス設計		●
	5		アーキテクチャ設計		●
	6		推進体制設計		●
	7		ビジネス価値設計		●
	8		実現可能性判断		●
	9		プロジェクト立ち上げ	●	
実証	10		PoC計画		●
	11	PoC	データ収集		●
	12		AIモデル検証		●
	13		業務検証		●
	14		アーキテクチャ検証		●
	15		ビジネス価値検証		●
	16		PoC結果報告		●
	17		AI導入判断	●	

フェーズ	No.	タスク		内部育成	外部委託
導入	18		要件定義		●
	19	システム設計	業務システム設計		●
	20		連携システム設計		●
	21		分析システム設計		●
	22	システム開発	業務システム開発		●
	23		連携システム開発		●
	24		分析システム開発		●
	25		総合テスト		●
	26		サービスイン	●	
活用	27	AI業務活用	現場適用	○	●
	28		業務遂行	●	
	29	モニタリング	活用評価		●
	30		AI改善		●
	31		システム改善		●
	32		システム運用		●

●：主担当
○：作業協力

6-1-3／AI人材目標数の設定

　自社で育成するAI人材タイプが明確になったら、次は育成する**AI人材の目標数**を設定します。企業によって必要となるAI人材の数は異なりますが、3〜5年程度の将来を見据え、それぞれの人材タイプをいつまでに何名育成するのか検討します。AI人材の目標数を設定するためには、将来におけるAI人材の必要人数の試算が必要です。

▶ AI人材目標数の設定方法

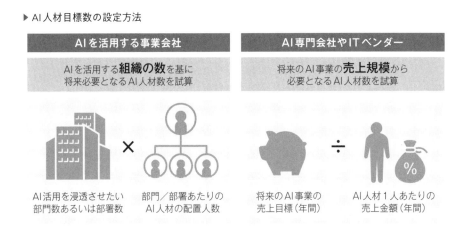

AIを活用する事業会社	AI専門会社やITベンダー
AIを活用する**組織の数**を基に 将来必要となるAI人材数を試算	将来のAI事業の**売上規模**から 必要となるAI人材数を試算
AI活用を浸透させたい 部門数あるいは部署数　×　部門／部署あたりの AI人材の配置人数	将来のAI事業の 売上目標（年間）　÷　AI人材1人あたりの 売上金額（年間）

　将来必要となるAI人材数は次の方法で試算します。AIの活用を検討している事業会社の場合、**AIを活用する組織の数**を基に、将来必要となるAI人材数を試算します。まず、3〜5年後の将来において、どの部門／部署にAI活用を浸透させたいのか整理します。

　AI活用を浸透させたい部門数あるいは部署数が決まったら、それぞれの部門／部署に何名のAI人材を配置したいのか検討します。各部門／部署に配置するAI人材の数は、組織の大きさによって異なるため一概に何人必要とはいえませんが、上級者を10％程度、中級者を30％程度、初級者を60％程度の割合で配置できるように試算します。例えば、1つの部署に20名のAI人材を配置すると考えた場合、上級者を2名、中級者を6名、初級者を12名確保できるようにする、といった具合です。

　AI活用を浸透させたい部門数あるいは部署数に、部門／部署あたりのAI人材配置数を掛け算することによって、将来必要となるAI人材数を試算することが

できます。多くの事業会社では、ここで紹介したAIを活用する組織の数を基に
AI人材目標数を設定しています。

　次に、AI専門会社やITベンダーで採用されている試算方法について紹介します。AI専門会社やITベンダーではAI活用による売上が重要となるため、**将来のAI事業の売上規模**から必要となるAI人材数を試算します。まず、3〜5年後の将来におけるAI事業の売上目標を検討します。次に、AI事業における1プロジェクトあたりのAI人材構成および売上金額（プロジェクト単価）を整理します。プロジェクトによって売上金額が大きく異なる場合は、大規模、中規模、小規模などに分けるようにします。1プロジェクトあたりの売上金額（プロジェクト単価）を、プロジェクトに関わるAI人材の数で割り、AI人材1人あたりのAIプロジェクト平均売上金額を計算します。上級者、中級者、初級者の貢献度を加味したい場合は、それぞれに重みをつけて計算します。

　1人あたりのAIプロジェクト平均売上金額を整理できたら、AI人材が年間で対応できるAIプロジェクト数を考慮し、将来の年間売上目標をAI人材1人あたりの年間売上金額で割って、必要となるAI人材数を試算します。通常、AIプロジェクトを複数経験すると、効率的にプロジェクトを進めることができるようになるため、AI人材1人あたりの年間売上金額は、年を重ねるごとに少しずつ増えていくように設定します。上記の方法を用いて、3〜5年後の将来において必要となるAI人材数を試算し、自社で内部育成するAI人材の目標数として設定します。

6-1-4 ／ AI人材育成方法の検討

　自社で内部育成するAI人材タイプと育成目標人数が整理できたら、AI人材の育成方法について検討します。企業によって育成すべき人材タイプが異なるため、自社のAI人材が担当するタスクを確認し、そのタスクに対応した育成施策を検討します。AI人材タイプごとの育成方法については、第5章で確認することができます。また、タスクやスキルについて確認したくなった場合は、第2章と第3章を参照してください。

黎明期における企業のAI人材育成

　次に、AI人材育成への取り組みを黎明期、発展期、成熟期の三段階に分け、それぞれの段階で実施する人材管理施策や育成施策、情報共有施策について解説します。

　まず「黎明期」では、**即戦力人材の短期育成**に取り組みます。黎明期ではAIに関する取り組みを始めたばかりということもあり、大多数のプロジェクトは企画フェーズや実証フェーズで終了し、導入フェーズや活用フェーズまで進むのは一部のプロジェクトに限られます。

　これまでAIを活用してこなかった企業の場合、本当にAIを活用することで課題が解決するのか懐疑的な社員が多い中でAIプロジェクトを進めることになります。そのため、AI人材育成の対象に選ばれた社員がうまく活動できるように、新たな取り組みにチャレンジしやすい雰囲気を作ることが重要になります。

　また、AI人材育成には一定の投資が必要となるため、経営層から目に見える成果が求められます。AI活用による成果を素早く出すために、即戦力人材を短期育成し、AIへの取り組みに弾みをつけることが大切です。

▶ 黎明期におけるAI人材育成

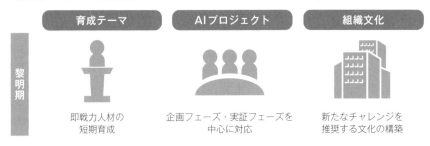

育成テーマ	AIプロジェクト	組織文化
即戦力人材の 短期育成	企画フェーズ・実証フェーズを 中心に対応	新たなチャレンジを 推奨する文化の構築

黎明期

6-2-1 黎明期におけるAI人材育成目標

AIの活用を牽引する人材の育成

　黎明期では少人数でAIプロジェクトに対応するため、1人のAI人材が複数の人材タイプの役割を兼ねる必要があります。そのためオールラウンダーなAI人

材を育成することが重要になります。会社の規模によって育成する人数は異なりますが、多くの企業では数名〜十数名の育成から始めます。

▶ 黎明期におけるAI人材育成目標

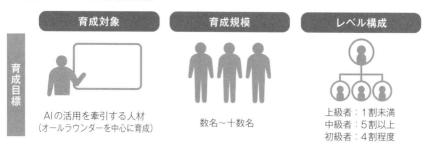

育成目標

育成対象
AIの活用を牽引する人材
（オールラウンダーを中心に育成）

育成規模
数名〜十数名

レベル構成
上級者：1割未満
中級者：5割以上
初級者：4割程度

黎明期は少数精鋭のAI人材チームを作る

　黎明期では、目の前にあるAIプロジェクトに全力で取り組む必要があるため、育成に多くの工数をかけることができません。AIプロジェクトを滞りなく遂行するためには、中級者以上のAI人材をアサインすることが重要です。指示された作業を実施する初級者がたくさんいても、指示を出す側の上級者や中級者がいないとAIプロジェクトは前に進みません。また、初級者の数が増えすぎてしまうと、AIプロジェクトに対応する工数が削られてしまい、AIプロジェクトも人材育成も両方とも中途半端になってしまいます。そのため黎明期では、**少数精鋭のAI人材チームを作ること**を目標に、初級者を増やしすぎず、中級者が5割以上となるように育成を進めます。自社内で即戦力となる中級者以上のAI人材がいない場合は、外部から調達することも含めて検討しましょう。

6-2-2 ／ 黎明期における人材管理施策

AI人材候補の選定

　黎明期では、どの社員をAI人材として育成するのか、**AI人材候補を探すこと**から始めます。自社内にAI人材がいない場合、AIプロジェクト未経験の社員を一からAI人材として育てることが必要になります。どの社員をAI人材として育成するのか選定し、育成施策を検討します。

　黎明期では、1人のAI人材が複数のタスクをこなす必要があります。AI活用に取り組み始めたばかりの段階では、企画フェーズおよび実証フェーズを中心に

対応することになるため、AIプランナーおよびAIエンジニアに必要なスキルを優先的に習得します。また、AIプロジェクトの推進も並行して実施するため、AIプロジェクトマネージャーのスキルも必要になります。このような多彩なスキルを習得することが求められるため、AI人材候補の選定は慎重に実施する必要があります。最初から多くの人材を育成することはできないので、数名の育成候補を選び、そこに育成リソースを集中的に投下します。

▶ 黎明期における人材管理施策

オールラウンダーとして活躍しているAI人材の特徴

それでは、どのような観点でAI人材候補を選ぶのがよいのでしょうか。絶対的な判断基準はありませんが、**オールラウンダーとして活躍しているAI人材と共通のプロファイルを持つ社員を探してみること**をお勧めします。オールラウンダーとして活躍しているAI人材には考え方や行動パターンにいくつかの共通点があるので、その共通点を持つ社員をAI人材候補として選ぶことで、即戦力となる人材を育成できる可能性が高まります。

オールラウンダーとして活躍しているAI人材は、次の3つの特徴を持っています。それぞれの特徴について見ていきましょう。

① 新しもの好き

オールラウンダーとして活躍しているAI人材の特徴の1つ目は、「**新しもの好き**」ということです。彼らは新しいものを調べたり、試してみたりすることが大好きです。現在、AIに関する研究が世界中で行われており、日々新しいテクノロジーが生み出されています。このような変化の激しいAI領域に追従していくためには、新しいものを積極的に取り入れるマインドが必要となります。

AI領域では、従来は難しいと思われていた処理や、非常に手間がかかっていた

▶ オールラウンダーとして活躍している AI 人材の特徴

①新しもの好き	②相談相手が多い	③現場志向

新しいものを調べたり 試してみたりするのが好き	多様な専門家とつながり アドバイスをもらうことができる	常に現場を意識して 仕事を進めている
• 好奇心が強い • 新しいものにチャレンジする行動力がある • 情報収集が苦にならない • イレギュラーな事態に物怖じしない	• コミュニケーション力がある • 知らないことを恥ずかしがらずに積極的に質問できる • ギブ＆テイクの人間関係を構築できる	• フットワークが軽い • スピード感を持って行動できる • 現場に出向き自分の目で確認することを重視している • 多様な意見に耳を貸すことができる

作業が、新しい技術やライブラリーの登場によって一瞬で解決することがよくあります。つまり、最新動向をチェックしている人材とチェックしていない人材で、AI 活用の範囲や作業効率に大きな差がついてしまうのです。自らの知識を最新にしておくために、常にアンテナを高くし、AI に関する最新情報を収集しています。最新情報を収集するためには、海外の論文や分析コミュニティサイトなど幅広くチェックする必要があります。このような手間を苦にせず情報収集できる人材が、オールラウンダーな AI 人材として活躍しています。

　また、オールラウンダーとして活躍している AI 人材は情報を収集して満足するのではなく、新しい技術がどんなものなのか、まずは試してみるという行動力を持っています。実際に試してみることによって、新しい技術の得意領域や不得意領域を確認し、自身の業務で使えそうか判断しています。実際に手を動かして確認してみないと、新しい技術で何ができて、何ができないのかを正しく理解することはできません。新しい技術を試していると、何度もイレギュラーな事態に遭遇します。そのようなイレギュラーな事態に物怖じせずチャレンジするマインドは、試行錯誤が必要な AI プロジェクトを遂行する上でも役に立ちます。このように、オールラウンダーとして活躍している AI 人材は、新しいものに興味を持って情報収集し、試してみるという行動力を身につけています。

② 相談相手が多い

　オールラウンダーとして活躍している AI 人材の特徴の2つ目は、「**相談相手が**

多い」ということです。彼らを観察してみると、積極的に周りに相談しながら仕事を進めていることに気付きます。AIを活用するためには、対象業務のドメイン知識から最新の技術動向まで幅広い知識が必要になります。このような幅広い知識領域をすべて個人でカバーすることは難しいため、自身の知識で足りない部分は他の人から教えてもらうことで対応します。現在のAI領域の広がりを考えると、個人ですべての知識を身につけることは現実的ではなく、いかに多様な専門家とつながり、アドバイスをもらえるかが重要になります。

　彼らは多くの専門家とつながっており、適宜相談しながらAIプロジェクトを進めています。相談できる専門家の人数が多ければ多いほど、AI人材として活躍できる幅が広がります。自身の専門領域に関する知識が増えてくると、相談相手からこちらの専門領域に関するアドバイスを求められるようになります。最終的には、このような相互に専門領域を教え合う関係になることが理想です。

　一方で、自分の知識不足を指摘されるのではないかと周りに相談せず、自分ですべて解決しようと考える人もいます。残念ながら個人でカバーできる知識範囲は限られているため、すぐに行き詰まってしまいます。オールラウンダーなAI人材として活躍するためには、相談相手となる専門家たちとギブ＆テイクの人間関係を構築し、自分自身も努力するというマインドが必要になります。

③ 現場志向

　オールラウンダーとして活躍しているAI人材の特徴の3つ目は、「**現場志向**」が強いということです。彼らは常に現場を意識して仕事を進めています。AIプロジェクトでは、AIに学習させるためにさまざまなデータを集めなければなりません。その際、データが生み出される現場に足を運んで、どのようにデータが発生しているのか、自分の目で確認することを重視しています。例えば、コンビニのAI活用を検討する際は足しげく店舗に通いますし、製造工場のAI活用を検討する際は製造ラインを何度も確認します。データ発生の現場を確認することによって、さらなるデータ収集の必要性や、仮説の見落としに気付くことができるからです。また、AIは実際のビジネスの現場で活用してこそ、価値を発揮します。ビジネスの現場でどのようにAIが活用されるのか理解するためには、何度も現場に足を運ぶ必要があります。

　現在、さまざまな情報がデータとして記録できる時代になったといわれています。しかし、本当にすべての情報がデータ化されているかというと、そうではあ

りません。データ化されていない情報に関しては、現場に出向いて何が起こっているのか確認する必要があります。一方で、データ発生現場を軽視し、入手できたデータだけで何とかしようと考える人もいます。パソコンの前に座り、いろいろデータをこねくり回して、AI活用につなげようと頑張りますが、大抵の場合はうまくいきません。オールラウンダーなAI人材として活躍するためには、現場を重視し多様な意見に耳を傾けながら業務を進めるマインドが必要になります。

6-2-3 / 黎明期における人材育成施策

このようなオールラウンダーなAI人材を育成するためには、どのような育成施策を実施すればよいのか見ていきましょう。

黎明期では、目の前にあるAIプロジェクトをこなしながら育成を進める必要があります。そのため、研修プログラムや模擬演習プログラムは早々に切り上げ、OJTを中心に育成施策を組み立てます。育成対象者が数名～十数名と限られていることから、先生と生徒という関係ではなく、お互いに教え合いながらスキル／知識を磨きます。

▶黎明期における人材育成施策

人材育成	研修プログラム	模擬演習プログラム	実践プログラム

	研修プログラムの受講 有志による勉強会の開催	分析コンペティションへの参加 過去のAIプロジェクトの追体験	スキル保有者による AIプロジェクトごとの指導

研修プログラム

AI人材育成の候補に選ばれた社員のスキルレベルはバラバラなため、必要となる研修プログラムも社員によって異なります。黎明期における育成人数が数名～十数名であることを考えると、自前で研修プログラムを準備するよりも、**外部の研修プログラム**を受講する方が効率的です。それぞれの社員のスキルレベルをチェックし、不足しているスキル／知識を埋めるために研修プログラムを受講し

ます。

　また、研修プログラムで学びきれなかった知識を補完するために、定期的に**有志による勉強会**を開催します。AI関連書籍の輪講やAIプロジェクトの課題共有を行い、お互いに知識を深め合います。

模擬演習プログラム

　AIに関する取り組みを始めたばかりの黎明期では、自社内の限られたAI人材の中で教え合いながらスキルを磨きます。しかし、数名〜十数名という少人数で教え合う内容には限界があるため、「Kaggle」や「SIGNATE」などの**分析コンペティションに参加**し、社外から学ぶことも重要です。分析コンペティションに参加する際は、スキルレベルの異なる社員をミックスしたチームを作り、お互いに教え合いながらコンテストに臨むことで、参加した社員のスキルを底上げすることができます。

　また、**自社内で過去に実施したAIプロジェクトをPBL演習／プロトタイプ開発として追体験すること**も効果的です。実際のAIプロジェクトを題材にすることで、課題解決の着眼点や本番AIモデルの開発手順について学ぶことができます。

実践プログラム

　オールラウンダーなAI人材を育成するためには、OJTを通して多くのAIプロジェクトを経験させる必要があります。黎明期では、育成対象者が数名〜十数名と限られているため、1人1人にメンターをアサインせず、**AIプロジェクトで一緒になった上級者や中級者が、その都度指導を行います**。上級者や中級者も初級者を指導することで、自らの理解を深めることができます。複数のAIプロジェクトをさまざまなメンバーと経験することで、オールラウンダーなAI人材として必要なスキル／知識を習得できます。自社内に手頃なAIプロジェクトがない場合は、武者修行として他社で実施しているAIプロジェクトに参画させてもらうことも効果的です。

6-2-4 ／黎明期における情報共有施策

　最後に、黎明期における情報共有施策について見ておきましょう。AIプロジェ

クトを円滑に遂行するためには、AI人材同士でお互いの専門領域に関する知識を共有することが重要になります。黎明期では、AI人材の数が限られているため、Webブラウザ上で情報を検索できるナレッジマネジメントシステムのような大掛かりな知識集約の仕組みを作る必要はありません。AIプロジェクト遂行に関する知識は膨大なため、知識集約の仕組みを作るだけで、かなりの工数が必要になってしまいます。黎明期では、無理に知識集約の仕組みを作らず、**Know Who情報**を管理することに注力します。

Know Who情報とは、「その知識領域に詳しい人は誰か」といった情報です。詳しく知りたい情報があった場合、誰にコンタクトすればよいかわかれば迅速に解決につなげることができます。数名〜十数名での知識共有であれば、知識そのものをドキュメント化してまとめるよりも、誰がその知識を知っているのか整理した方が効率的です。お互いの得意領域を把握し、何かあったときにすぐに相談できる枠組みを構築します。またKnow Who情報として、自身の専門領域が登録されると、他のメンバーから質問された際に詳しく説明できるように、より深く専門知識を学ぼうとするモチベーションが生まれます。それぞれの社員の専門領域を増やしていくことで、会社としてのAI活用領域も広がっていきます。

▶ 黎明期における情報共有施策

情報共有

| 目 的 | 知識集約 | 知識共有 |
お互いの専門領域の教え合い　　Know Who情報の整理　　個人対個人での知識共有

6-3 発展期における企業の AI人材育成

　ある程度AIプロジェクトに対応できる人材が増えてきたら、AI人材育成の「発展期」に入ります。発展期では、導入フェーズまで進むプロジェクトが増えてくるので、**AIを実装する人材を幅広く育成すること**が重要になります。育成対象となる人材も増えてくることから、黎明期では属人的だったAI人材育成を、発展期では組織的な取り組みに変える必要があります。多くの企業では、このタイミングで**AI活用を推進する専門組織**を立ち上げ、その中でAI人材の育成を行います。

　発展期では、初級者や中級者を数多く育成することが求められますが、AIプロジェクトの未経験者を初級者や中級者として育成するには、ある程度の育成期間が必要になります。新人社員や若手社員を育成する場合は、比較的長めの育成期間が設定されますが、中堅社員に関しては既存の業務との兼ね合いもあり、なかなか育成の時間を確保することができません。しかし、中堅社員はさまざまな業務を経験し多くのドメイン知識を保有していることから、しっかりと育成を行えばAIを導入／活用する人材として活躍することが期待できます。発展期では、AI人材育成に一定の期間がかかることを理解し、組織として許容する文化を浸透させていくことが重要になります。

▶ 発展期におけるAI人材育成

育成テーマ	AIプロジェクト	組織文化
事業拡大に応じた人材の確保	導入フェーズ・活用フェーズまで進むプロジェクトが増加	一定の育成期間を許容する文化の浸透

発展期

6-3-1 ／ 発展期におけるAI人材育成目標

AIを実装する人材の育成

　発展期では、事業拡大に合わせて必要なAI人材を確保できるように育成を進めます。対応するAIプロジェクトの数も増えてくるため、それぞれのタスクを受け持つスペシャリストを幅広く育成する必要があります。AI人材育成計画の中で整理したAI人材の構成パターンによって、育成対象となる人材タイプは異なりますが、数十名〜百名のAI人材育成に取り組みます。

▶ 発展期におけるAI人材の育成目標

発展期は初級者を6割程度にする

　発展期では、育成対象が拡大することもあり、初級者の人数が大幅に増えます。黎明期と異なり、組織的にAI人材の育成に取り組むため、ある程度初級者の数が多くなっても、研修プログラムや模擬演習プログラムを通して育成を進めることができます。しかし、初級者の数が増えすぎてしまうと、人材育成の負担が大きくなり、プロジェクト遂行に支障をきたしてしまいます。

　発展期ではOJTがボトルネックになりやすく、OJTを受ける初級者の数を適切にコントロールしなければなりません。プロジェクト遂行と人材育成のバランスを取るためには、中級者1名に対し、初級者2名という構成を維持することが重要です。中級者1名の下に初級者が3名以上ついてしまうと、人材育成の負担が大きくなりプロジェクト遂行に支障をきたします。発展期では、**円滑にAIプロジェクトを遂行すること**を目標に、初級者を6割程度（中級者が3割以上）となるよう育成を進めます。

6-3-2／発展期における人材管理施策

　発展期では、事業拡大に合わせて必要なAI人材を確保できるように、AI人材の育成と獲得に注力します。自社内にAI人材の数が増えてくると、自身のAI人材としてのレベルがどのくらいか評価して欲しいという声や、AI人材を外部から獲得する際に、どのレベルの人材を獲得すべきなのか基準を明確化したいという要望が挙がってきます。AI人材としての成熟度を測りたいという要望には、「**AI人材認定制度**」を整備することで対応します。最終的には、社内の人事制度と連動させることを目指して整備を進めます。

▶ 発展期における人材管理施策

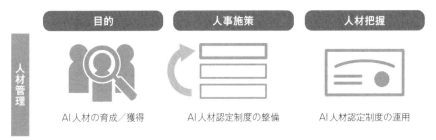

目的	人事施策	人材把握
AI人材の育成／獲得	AI人材認定制度の整備	AI人材認定制度の運用

AI人材認定制度の整備

　AI人材の認定は、人材タイプごとにレベルごとに行います。初級者、中級者、上級者にレベル分けし、認定基準を満たした人材を認定します。それぞれの認定基準は第5章で紹介した「到達レベル確認リスト」を参考に作成します。通常、AI人材は特定の人材タイプを選び、その上級者として認定されることを目指しますが、オールラウンダーなAI人材の場合は、1人が複数の人材タイプの認定を獲得することを目指して活動します。

AI人材の認定方法

　AI人材の認定方法は、レベルごとに異なります。初級者、中級者、上級者で、**評価者**と**評価内容**に違いがあり、レベルが上がるほど客観的な評価が求められます。

　初級者の認定は、**AIプロジェクトにおける作業成果**で評価を行います。そのため、作業指示を出したプロジェクトリーダーや上司が評価者になります。初級

者認定は、認定を受ける社員の数が多いため、部門や部署といった単位で認定を行えるように制度設計します。申請者の作業成果だけでスキル／知識を評価することが難しい場合は、**研修プログラムや模擬演習プログラムの修了実績**を加味して評価を行います。

　中級者の認定は、**AIプロジェクトにおける業務成果**で評価を行います。そのため、OJTを担当したメンターが評価者になります。中級者認定は、申請者が自律的にタスクを遂行できるかどうかを評価するため、評価する側にも一定のスキル／知識が必要になります。通常、OJTのメンターを担当するのは上級者および中級者なので評価者として問題ありませんが、メンター以外を評価者とする場合は注意が必要です。しっかりとタスクの全体像を理解し、タスクの遂行状況を評価できる人材を評価者としてアサインする必要があります。また初級者の場合と同様に、申請者の業務成果だけでスキル／知識を評価することが難しい場合は、統計検定やG検定／E資格などの**資格試験の取得実績**も加味して評価を行います。

　上級者の認定は、**申請者の業務経歴および業務実績**で評価を行います。上級者の業務実績を評価するには、上級者が対応している業務の難易度や複雑さを正しく判断する必要があります。このような判断は、同じような立場で活動している上級者でなければ難しいため、上級者の認定は、複数の上級者を集め合議制で判断します。

▶ AI人材の認定方法

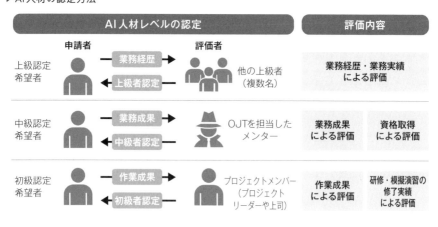

AI人材認定制度の運用

　AI人材の認定制度が整備できたら、AI人材の認定に取り掛かります。AIプロジェクトに関わる社員の認定を行い、自社内におけるレベル別のAI人材数を把握します。AI人材育成計画と照らし合わせ、不足している人材タイプがあれば、その人材タイプの育成を重点的に行います。また、AI人材認定を受けた申請者をもう1つ上のレベルに引き上げるための育成施策を検討し、申請者と上司にフィードバックします。社内でAI人材認定制度が定着してきたら、AI人材獲得の場（採用の場）でも、同様の基準で評価することができないか検討します。

6-3-3 ／ 発展期における人材育成施策

　次に、発展期における人材育成施策について見ていきましょう。発展期では、幅広くAI人材を育成する必要があるため、組織的に人材育成に取り組むことが重要になります。研修プログラムや模擬演習プログラムを体系的に整備し、自社の事業ドメインに対応した演習を実施します。

　また、実践プログラムを効果的に行うために**AI活用を推進する専門組織**を設置し、その中でOJTを実施します。AI専門組織を設置することによって、社内におけるAIプロジェクトが1箇所に集まり、さまざまなプロジェクトを経験するための**実践の場**を作ることができます。

▶ 発展期における人材育成施策

研修プログラム

　発展期では**体系的に研修プログラムを整備**し、幅広いスキル／知識の習得ニーズに対応します。黎明期では、研修を受講する人数が限られていたため、社外の研修プログラムを受講することが一般的でしたが、発展期では自前で研修プログ

ラムを整備する企業が多くなります。これは、自社の事業ドメインに対応した研修プログラムを希望する社員が増えてくるためです。自社の事業ドメインに直結した研修プログラムであれば、高いモチベーションを持って受講してくれますが、畑違いの領域を題材とした研修プログラムだと、自社のビジネスや業務に適用した場合のイメージがつかず敬遠されてしまいます。すべての研修プログラムを自前で準備することは難しいですが、自社の事業ドメインと密接に関わる主要な研修は自前で準備することを心がけます。

　また発展期では、さまざまなスキル／知識習得ニーズに対応する必要があるため、研修プログラムの種類が増えてきます。ある程度、研修プログラムの種類が増えてきたら、**AI人材タイプごとの推奨受講フローを定義**し、社員がどの研修を受講すればよいか迷わないようにしておきます。

模擬演習プログラム

　発展期では、数多くのAI人材を効率的に育成することが求められます。模擬演習プログラムを活用することで、複数の受講者に対して効率的に必要なスキルを身につけさせることができます。模擬演習プログラムでは、さまざまなテーマ（お題）を経験することを目的に演習に取り組みます。研修プログラムと同様に、自社の事業ドメインに対応した模擬演習プログラムを整備し、自社のビジネスや業務に直結した演習を行います。模擬演習の中で経験したものと同じテーマであれば、実際のAIプロジェクトにアサインされた際も、円滑に業務を進めることができます。発展期では、さまざまなテーマ（お題）が経験できるように、**PBL演習やプロトタイプ開発の題材を充実させること**を心がけます。

実践プログラム

　発展期では組織的にAI人材育成を行うために、**AI活用を推進する専門組織を設置し、その中でOJTを実施します**。最終的には、それぞれのAI人材が所属する組織内でOJTを実施できることが理想ですが、発展期ではOJTのメンターを担当できる人材の数も限られているため、AI人材を1箇所に集めOJTを実施します。AI専門組織にAI人材が集結することによって、社内におけるAIプロジェクトが1箇所に集まり、効率的にOJTを実施することが可能になります。AI専門組織の中でメンターと育成対象者がチームを組み、AIプロジェクトを通した実践指導を行います。

　発展期における最大の懸念事項は、実践プログラムとしてOJTを実施するAI

プロジェクトが枯渇してしまうことです。AI人材として実践力を身につけるためにOJTは欠かすことのできない育成施策ですが、自社内で進行中のAIプロジェクトがなくなってしまうと、OJTを実施したくても実施することができません。このような事態を防ぐために、AI専門組織で社内におけるAIプロジェクトを一元管理し、安定的にOJTを実施できるように対応します。

6-3-4 ／ 発展期における情報共有施策

最後に、発展期における情報共有施策について見ておきましょう。発展期では、AI人材の数も増えてくるため、AI関連の知識を集約し、共有するための仕組みを構築することが求められます。黎明期ではAI人材の数が少なかったため、Know Who情報を整理すれば事足りましたが、発展期では、ある程度知識をドキュメント化する作業が必要になります。

知識集約

発展期では、AI専門組織で一元的にAIプロジェクトを管理することになります。そのためAI専門組織に、AIプロジェクトを遂行するための知識が集積されていきます。次の成熟期では、さらに多くのAI人材を育成する必要があるため、AI専門組織に集まった知識を、他の組織でも使えるようにドキュメント化しておきます。最初は、汎用的なAIプロジェクト遂行に関する知識の整理から始め、徐々に**個別のプロジェクトにおけるAI実装知識の集約**に取り組みます。

知識共有

集約した知識は、まずはAI専門組織の中で共有します。**知識共有の範囲を顔の見える一部に限定すること**で、気兼ねなく知識を共有できるようにします。最初か

▶ 発展期における情報共有施策

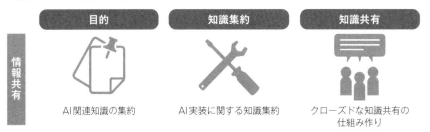

| 目的 | 知識集約 | 知識共有 |
| AI関連知識の集約 | AI実装に関する知識集約 | クローズドな知識共有の仕組み作り |

情報共有

ら社内に広く知識を公開しようとすると、どの情報なら公開してよいのかという議論が始まってしまい、知識の集約が進まなくなります。まずはクローズドな知識共有の仕組みを作り、その中で知識を集約して、ある程度知識が蓄積されてきたら部分的に知識の公開範囲を広げ、社内にAI関連知識を展開していきます。

Column ▷ 独立行政法人情報処理推進機構 「ITスキル標準V3 2011」

　独立行政法人情報処理推進機構（IPA）は「**ITスキル標準V3 2011**」の中で、わが国が目指すべき高度IT人材像に即したキャリアと求められるスキルを示した「共通キャリア・スキルフレームワーク」を公開しています。このフレームワークの中では7段階のレベルが定義されており、レベル1から3までは**能力ベース（試験）**で評価を行い、レベル4以上に関しては**成果ベース（業務経験）**で評価を行うとしています。また、レベル6以上になるとプロコミュニティと呼ばれる**ハイエンドプレイヤー同士のピア・レビュー**による判定が必要としています。

　本書で紹介したAI人材の場合も同様に、初級者であれば試験などで知識レベルを判断できますが、中級者の判定を行う場合は業務実績が重要になります。また上級者の場合は、プロコミュニティに所属するような上級者同士の判定が必要になります。

▶共通キャリア・スキルフレームワークに基づくレベル判定

高度IT人材					プロコミ	
スーパーハイ	レベル7	国内のハイエンドプレイヤーかつ世界で通用するプレイヤー	成果（実績）ベース ↓ 業務経験や面談など			
	レベル6	国内のハイエンドプレイヤー				情報処理技術者試験での対応はレベル4まで
ハイ	レベル5	企業内のハイエンドプレイヤー			各企業で判断	
	レベル4	高度な知識・技能	試験＋業務経験により判断			高度試験
ミドル	レベル3	応用的知識・技能	スキル（能力）ベース ↓ 試験の合否			ミドル試験
	レベル2	基本的知識・技能				基礎試験
エントリ	レベル1	最低限求められる基礎知識				エントリ試験

出典：独立行政法人情報処理推進機構『ITスキル標準V3 2011』
https://www.ipa.go.jp/jinzai/itss/download_V3_2011.html

6-4 成熟期における企業の AI人材育成

　自社内のAI人材で、安定的にAIプロジェクトを進めることができるようになれば、最後の「成熟期」に入ります。成熟期では、企業内のAI活用が進み、AIを活用する人材（AIユーザー）が増えてきます。育成対象となる人材がさまざまな部門／部署に広がることから、AI人材の育成を全社的な取り組みに変えていく必要があります。発展期ではAI専門組織で対応していたOJTも、成熟期ではそれぞれの所属部門（現場部門）で対応することになります。AI人材の育成が会社全体に広がるため、**組織を越えた知識共有の仕組み**が重要になります。

　また成熟期では、AI人材の知識を最新の状態に保つために、継続学習を習慣化する文化を醸成する必要があります。AI人材育成は、一通り育成プログラムを受講したら終わりではなく、継続的にAIの最新動向を学び続けることが求められます。

▶ 成熟期におけるAI人材育成

| | 育成テーマ | AIプロジェクト | 組織文化 |

成熟期：AI人材の持続的な育成／安定的にAIプロジェクトを遂行（企画フェーズから活用フェーズまで）／継続学習を習慣化する文化の醸成

6-4-1 ／ 成熟期におけるAI人材育成目標

AIを活用する人材の育成

　成熟期では、AIを活用する人材（AIユーザー）を中心に育成を行います。AIを活用した業務を遂行する部門や部署が増えてくるため、会社全体でAI人材の育成に取り組みます。会社の規模によって育成する人数は異なりますが、数百名規模のAI人材を育成します。大量のAI人材を育成する必要があるため、**効率的にAI人材を育成するための仕組みを構築すること**が重要になります。

▶ 成熟期におけるAI人材育成目標

育成対象	育成規模	レベル構成

育成目標

AIを活用する人材
（AIユーザーを中心に育成）

数百名

上級者：1割以上
中級者：4割程度
初級者：4～5割程度

成熟期は上級者1割以上を目指す

　成熟期では、発展期で育成を始めたAI人材が育ってくるため、AIを実装する人材を中心に中級者の数が増えてきます。発展期にAI専門組織に集められていた人材も元の現場部門に戻り、それぞれの所属部門でAI活用に取り組みます。

　成熟期では、それぞれの部門や部署で自律的にAI活用を進めるため、これまで対象としてこなかった業務領域での新たなAI活用が増えてきます。そのため、未経験の業務領域やAI技術であっても柔軟に対応できる上級者の育成が重要になります。上級者を短期間で育成することは難しいため、腰を据えて継続的に上級者の育成に取り組む必要があります。成熟期では、**新たな領域でのAI活用を加速させること**を目標に、上級者が1割以上となるよう育成を進めます。

6-4-2 ／ 成熟期における人材管理施策

　成熟期ではAI人材の数が増えてくるため、**社内にいるAI人材を正しく把握／管理すること**が重要になります。AI人材に関するデータベースを構築し、社内のAI人材を見える化することによって、AI人材の適正配置につなげます。AI人材に関するデータベースの整理は、人事部門と協力しながら実施します。

AI人材データベースの構築

　発展期では、多くのAI人材がAI専門組織に所属していたため、それぞれのスキルを比較的容易に把握することができましたが、成熟期では、AI人材がさまざまな部門や部署に分散するため一元的に把握することが難しくなります。そこで、**AI人材のスキルを把握するためのデータベースを構築**し、その中でAI人材

▶ 成熟期における人材管理施策

目的	人事施策	人材把握
AI人材の維持と 適正配置	AI人材に関するデータベース の構築	組織ごとの 充足状況の見える化

人材管理

の保有スキルを管理します。AI人材データベースには、研修受講履歴や資格取得状況、業務実績などを登録しておきます。

　AI人材に関するデータベースを活用することによって、社内におけるAI人材の適正配置につなげることが可能になります。AI人材が不足している部門と余裕のある部門があれば、短期的な人事異動も含めてうまくバランスが取れるように配置先を見直します。

AI人材の維持（リテンション）

　成熟期では、AI人材の維持についても検討する必要があります。社内にAI人材が増えてくると、一部の社員は新たな活躍の場を求めて別の会社に転職するかもしれません。育成したAI人材を自社で維持するためには、**AI人材が働き続けたいと思う会社にしておくこと**が重要になります。

　AI人材は、身につけたスキルを用いて、新しい取り組みや面白い取り組みにチャレンジしたいと考えています。せっかく身につけたスキルを自社内で活用できない状態が長く続いてしまうと、新たな活躍の場を求めて他社へと旅立ってしまいます。社内におけるAIプロジェクトの状況を見渡し、AIプロジェクトに関わることのできない社員を大量に生み出さないよう注意しながら育成を進めます。

6-4-3 ／ 成熟期における人材育成施策

　AI人材を維持するためには、**しっかりとした育成プログラムを社員に提供する**ことも重要になります。成熟期では育成対象となる社員が増えることから、AI専門組織が主導していたAI人材の育成を、それぞれの部門や部署で実施でき

るように再構成します。また、さまざまな部門／部署でAI活用が進むため、AIを活用する人材（AIユーザー）に関する育成施策を充実させる必要があります。

▶ 成熟期における人材育成施策

<table>
<tr><td rowspan="2">人材育成</td><td>研修プログラム

オンライン研修の充実
全社教育の推進</td><td>模擬演習プログラム

分析コンテスト／
アイデアソンの
定期開催</td><td>実践プログラム

所属部門（現場部門）
でのOJT</td></tr>
</table>

研修プログラム

　成熟期では、研修プログラムを**オンライン化**（eラーニング化）し、多くの社員がAI研修を受講できるようにしておきます。集合型研修だと、研修教室の広さによる物理的制限や、開催タイミングによる時間的制限があるため、一度に大量の社員を受講させることができません。一方、オンライン研修であれば、受講者の都合に合わせてオンデマンドで研修プログラムを受講することができます。座学研修だけではなくマシン演習も含めオンライン化し、幅広くAI研修を受講できるようにしておきます。

　また、社員のAIリテラシーを底上げするために、定期的にAI活用に関する**全社教育を実施すること**も効果的です。AI活用に直接関わっていない社員にも、全社教育としてAI活用の実態を教えることで、AIを活用するという文化を浸透させることができます。

模擬演習プログラム

　成熟期では、社員のスキルを底上げするために、**社内分析コンテストや社内アイデアソン**を積極的に開催します。社内分析コンテストは、社員のAIモデル開発スキルを向上させるとともに、さまざまな副次的効果をもたらします。まず、社内分析コンテストを定期的に開催することで、社員の中で競争意識が生まれ、「今回は上位入賞できなかったが、次回は上位入賞できるように頑張ろう」と、継続学習するモチベーションを高めることができます。

　また、社内分析コンテストはAI人材同士の絆作りにも効果を発揮します。部

門や部署に新しいAI人材（初級者）が入ってきた場合、職場に溶け込むまでに時間がかかることがあります。そのような場合は職場のメンバーでチームを組みコンテストに参加することで、同じ目標に向かって協力する仲間として絆を深めることができます。

さらに社内分析コンテストには、隠れたAI人材を発掘する効果も期待できます。分析コンテストというとAIエンジニアしか参加しないように聞こえるかもしれませんが、社内に広く分析コンテストの案内を出しておくと、AI活用に直接関わっていない社員もコンテストに参加してくれます。普段の業務はAIと無関係だが、新しい技術に興味がある社員は一定数存在しているため、分析コンテストという機会があればチャレンジしてくれます。このような社員の中から上位入賞者が出た場合は、AI人材として抜擢することができないか組織間で調整を行い、人事異動も含め対応を検討します。

社内分析コンテストと同様に、社内アイデアソンも積極的に定期開催します。社内で企画している新しいビジネスや、それぞれの業務領域における課題を題材としたアイデアソンを開催することで、実際のビジネスに直結したAIの活用アイデアを抽出することができます。

実践プログラム

成熟期では、**育成対象となる社員が所属する部門（現場部門）の中でOJT**を実施します。発展期では、育成対象となる社員が限られていたため、AI専門組織に集めてOJTを実施しましたが、成熟期ではそれぞれの所属部門（現場部門）でのOJTを基本とします。成熟期では、上級者や中級者が各現場部門で増えてくるため、わざわざAI専門組織に出向かなくても実践指導を受けることができます。所属する部門でOJTを実施するため、自身の業務に直結したAIプロジェクトを数多く経験することができます。

それぞれの現場部門でOJTを実施するようになるため、AI専門組織における人材育成の役割も変化します。成熟期においては、AI専門組織は**上級者を育成／指導する役割**を担います。上級者は、AI活用における幅広い視点を持つ必要があるため、AI専門組織と連携し、新しいAI技術や新たな業務領域におけるAI活用の知見を深めます。

6-4-4／成熟期における情報共有施策

　最後に、成熟期における情報共有施策について見ておきましょう。成熟期では、全社的にAI活用が進むため、**組織を越えた知識共有の仕組み**が必要になります。さまざまな部門でAIユーザーが増えてくるため、AI活用に関する知識を中心に整理し、広くオープンに知識共有できる仕組みを構築します。

▶ 成熟期における情報共有施策

目的	知識集約	知識共有
組織を越えた知識共有	AI活用に関する知識集約	オープンな知識共有の仕組みづくり

情報共有

知識集約

　成熟期では、AI実装に関する知識とAI活用に関する知識を全社的に集約し、さまざまな部門にいるAI人材が利用できるようにします。さまざまな部門／部署でAI活用に取り組むため、類似したテーマや課題に直面することが増えてきます。すでに他の部門で取り組んだことのあるテーマであれば、その内容を参考にしてAIプロジェクトに取り組みます。また、他のプロジェクトで同じような課題に直面した実績がある場合は、どのように解決したのか参考にします。

　このように、社内で対応したAIプロジェクトの知識を集約し、他のAIプロジェクトでも活かせるようにしておきます。必要に応じて、集約した知識の中からベストプラクティスを抽出し、ガイドラインやテンプレートとしてまとめておきます。

知識共有

　集約した知識は、AI活用に取り組む全社員で共有します。知識共有の範囲を会社全体に広げることで、必要な情報を必要な社員に届けます。成熟期では、知識を参照する社員も多くなるため、情報ポータルサイトなどを構築し、社員が随時知識を利用できるようにしておきます。情報ポータルサイトのようなオープンな場ではなく、クローズドな知識共有の場が欲しいというリクエストが増えてき

た場合は、公開範囲を限定したクローズドな情報共有の場と、オープンな情報共有の場の2つを準備し、社員に使い分けてもらうようにします。できるだけオープンな知識が増えるように、定期的にクローズドな知識共有の場に登録されている情報の棚卸しを行い、全社に公開できるものは積極的に公開するようにします。

第 6 章 ＜まとめ＞

　この章で見てきたように、企業におけるAI人材の育成は「黎明期」、「発展期」、「成熟期」の3つの段階に分けることができます。それぞれの段階で、育成対象となるAI人材や、実施すべき育成施策も異なるため、段階を踏みながらAI人材の育成に取り組みます。

　会社の規模によって育成する人数や期間は異なりますが、AI人材育成を始めてから最初の1〜2年目は「黎明期」として即戦力人材の育成に取り組みます。その後3〜5年は「発展期」として組織的にAI人材育成に取り組みます。「成熟期」に入るのは、AI人材育成を始めてから5〜8年目です。AI人材の育成と同様に、会社が成熟するにも一定の期間が必要なため、ある程度時間がかかることを見越して、タイミングを逃さずAI人材育成に取り組むことが重要です。

▶ 企業におけるAI人材育成の変遷

	黎明期	発展期	成熟期
	即戦力人材の短期育成	事業拡大に応じた人材の確保	AI人材の持続的な育成
フェーズ	企画　実証　導入　活用	企画　実証　導入　活用	企画　実証　導入　活用
AI人材育成	AIの活用を牽引する人材の育成（オールラウンダーを中心に育成）	AIを実装する人材の育成（スペシャリストを中心に育成）	AIを活用する人材の育成（AIユーザーを中心に育成）
組織文化	新たなチャレンジを推奨する文化の構築	一定の育成期間を許容する文化の浸透	継続学習を習慣化する文化の醸成
活動内容	● AI人材育成計画の策定 ● AI人材候補の選定 ● 研修プログラムの受講 ● 有志による勉強会の開催 ● スキル保有者による個別指導 ● Know Who情報の整理	● AI人材認定制度の整備 ● 育成状況のモニタリング ● 体系的な研修プログラムの整備 ● 研修の推奨受講フローの定義 ● AI専門組織でのOJT ● AI関連知識の集約	● AI人材に関するデータベースの構築 ● 組織ごとの充足状況の見える化 ● オンライン研修の充実 ● 全社教育の推進 ● 所属部門（現場部門）でのOJT ● 組織を越えた知識共有

第 **7** 章

大学における
AI人材育成

第7章では、大学で実施されているAI教育について解説します。『AI戦略2019』の中では、文理を問わず、すべての大学・高専生（約50万人卒／年）が、初級レベルの数理・データサイエンス・AIを習得することが目標として掲げられています。また、一定規模の大学・高専生（約25万人卒／年）が、自らの専門分野へ数理・データサイエンス・AIを応用するための基礎力を習得することを目指しています。

　7-1では、数理・データサイエンス教育強化拠点コンソーシアムから公開されている「数理・データサイエンス・AI（リテラシーレベル）モデルカリキュラム」に沿って、初級レベルの数理・データサイエンス・AIを身につけるための教育内容について解説します。7-2では、「数理・データサイエンス・AI（応用基礎レベル）モデルカリキュラム」に沿って、数理・データサイエンス・AIの応用基礎力を身につけるための教育内容について解説します。本章を読むことによって、大学におけるAI教育の内容について理解することができます。

　今後、大学・高専でAIを学んだ学生が、大量に社会人として企業に入ってきます。初級レベルの数理・データサイエンス・AIを習得済みの若手社員を、自社のAI人材として育成することが、企業におけるAI人材確保の近道です。学生がどのようなAI教育を受けているのかを知ることによって、入社後に企業で教えるべき内容を見極めることができます。

▶第7章の構成

7-1

大学における
リテラシー教育

7-2

大学における
応用基礎教育

7-1 大学におけるリテラシー教育

『AI戦略 2019』の中では、文理を問わず、すべての大学・高専生（約50万人卒／年）が、初級レベルの数理・データサイエンス・AIを習得することが目標として掲げられています。2020年4月に数理・データサイエンス教育強化拠点コンソーシアムから「**数理・データサイエンス・AI（リテラシーレベル）モデルカリキュラム**」が公開され、全国の大学・高専では、このモデルカリキュラムを参考に、全学部を対象としたリテラシー教育の展開が始まっています。ここでは、モデルカリキュラムに沿って、初級レベルの数理・データサイエンス・AIを身につけるための教育内容について解説します。

数理・データサイエンス・AI（リテラシーレベル）モデルカリキュラムは、「導入」、「基礎」、「心得」、「選択」の4つから構成されます。この中で「導入」、「基礎」、「心得」が**コア学修項目**と位置付けられています。「選択」に関しては、学生の学習歴や習熟度合いに応じて適宜選択することが想定されています。

▶ **数理・データサイエンス・AI（リテラシーレベル）モデルカリキュラム**

導入	**1. 社会におけるデータ・AI利活用** 1-1. 社会で起きている変化　　1-2. 社会で活用されているデータ 1-3. データ・AIの活用領域　　1-4. データ・AI利活用のための技術 1-5. データ・AI利活用の現場　　1-6. データ・AI利活用の最新動向
基礎	**2. データリテラシー** 2-1. データを読む　　2-2. データを説明する 2-3. データを扱う
心得	**3. データ・AI利活用における留意事項** 3-1. データ・AIを扱う上での留意事項　　3-2. データを守る上での留意事項
選択	**4. オプション** 4-1. 統計および数理基礎　　4-2. アルゴリズム基礎 4-3. データ構造とプログラミング基礎　　4-4. 時系列データ解析 4-5. テキスト解析　　4-6. 画像解析 4-7. データハンドリング　　4-8. データ活用実践（教師あり学習） 4-9. データ活用実践（教師なし学習）

出典：数理・データサイエンス教育強化拠点コンソーシアム『数理・データサイエンス・AI（リテラシーレベル）モデルカリキュラム〜データ思考の涵養〜』

http://www.mi.u-tokyo.ac.jp/consortium/pdf/model_literacy.pdf

7-1-1／社会におけるデータ・AI利活用（導入）

　社会におけるデータ・AI利活用（導入）では、**データ・AIによって社会および日常生活が大きく変化していること**を学びます。現在進行形で起きている変化を正しく理解し、これから社会に出て活躍するための足掛かりとします。また、データ・AIの活用領域の広がりや、そこで生み出されている価値を知ることで、数理・データサイエンス・AIを学ぶことの意義を理解します。

教育内容

社会で起きている変化

　「社会で起きている変化」では、**データ・AIによって社会および日常生活が大きく変化していること**を学びます。現代の社会はデータ駆動型社会といわれ、データを活用した新しいビジネスやサービスが次々と登場しています。新しいビジネスやサービスでは、AIが重要な役割を果たしており、複数の技術を組み合わせることで新しい価値が生み出されています。現在進行形で起きている変化の内容を知ることによって、数理・データサイエンス・AIを学ぶことの重要性を理解します。

社会で活用されているデータ

　「社会で活用されているデータ」では、日常生活の中でどのようなデータが収集され、どのように活用されているかについて学びます。近年、インターネットやスマートフォンを使うことが一般的となり、人々の活動をログデータとして収集／蓄積できるようになりました。先進的な企業では、蓄積された膨大なデータを活用し、新たなビジネスやサービスの提供につなげています。私たちの身の回りにはさまざまなデータがあふれていますが、活用できているのはその一部に過ぎません。自身の活動から生み出されるデータや、身の回りにあるデータについて知ることによって、**データ駆動型社会の現状を理解するとともに、身近なデータを活用するためのアイデアを考える力**を養います。

データ・AIの活用領域

　「データ・AIの活用領域」では、**データ駆動型社会におけるデータ・AIの活用領域の広がり**について学びます。現在、さまざまな領域でデータ・AIの活用が進んでおり、企業におけるバリューチェーン（研究開発、調達、製造、物流、販

売、マーケティング、サービス）を見ても、ほぼすべての活動領域においてデータ・AIが活用されています。またデータ・AIの活用範囲は広く、仮説検証から、知識発見、原因究明、計画策定、判断支援、活動代替、新規生成まで、さまざまなシーンで活用することができます。このようなデータ・AIの活用領域の広がりを知るとともに、データ・AIが生み出している価値を理解します。

データ・AI利活用のための技術

「データ・AI利活用のための技術」では、**データ・AIを活用するために使われている技術**について学びます。データ・AIを活用した新しいビジネスやサービスは、複数の技術を組み合わせることで実現されています。AIというと人間のようにさまざまな課題を処理できる汎用AIを想像する人もいますが、汎用AIはまだ研究段階の技術です。現在AIと呼ばれているものは、特定の領域に特化した**特化型AI**を指します。データ・AIを活用したビジネスやサービスの中で使われている技術を紐解き、特化型AIの現状を知ることで、今のAIでできること／できないことを理解します。

データ・AI利活用の現場

「データ・AI利活用の現場」では、**ビジネスの現場において、どのようなプロセスでデータ・AIが活用されているのか**について学びます。流通、製造、金融、サービス、インフラ、公共、ヘルスケアなど、さまざまな業種・業態でデータ・AIの活用が進んでいます。データ・AIを活用するためには、課題定義、データ収集、データ分析、現場適用といったサイクルを回すことが必要です。データ・AIをビジネスに適用する方法を知ることによって、データ・AIを活用するためのプロセスを理解します。

データ・AI利活用の最新動向

「データ・AI利活用の最新動向」では、**データ・AIを活用した最新のビジネスモデルや最新のテクノロジー**について学びます。近年、データ・AIを活用した新しいビジネスやサービスが次々と登場しています。私たちの身の回りでも、インターネットやスマートフォンを活用した新しいサービスや、IoTを利用した便利なサービスが増えてきています。データ・AI利活用の最新動向に触れることで、数理・データサイエンス・AIを活用することの面白さや楽しさを理解します。

教育方法

　「社会におけるデータ・AI利活用（導入）」では、**座学**と**グループワーク**を組み合わせて講義を行います。最初にデータ・AIの利活用事例をいくつか紹介し、学生にデータ・AIの活用領域が広がっていることを知ってもらいます。利活用事例に興味を持ってもらった上で、どのようなデータが利用されているのか、どのような技術が使われているのか解説し、学生の理解を深めます。また、一方通行で事例を紹介する「座学」のみでは学生の理解が進まないため、**事例調査**や**活用アイデア検討**などの「グループワーク」を実施し、数理・データサイエンス・AIを活用することの意義を知ってもらいます。

＜教育例＞

・社会におけるデータ・AI利活用の教育例①：事例調査グループワーク

　学生をいくつかのグループに分け、身の回りにあるデータ・AIの利活用事例を調査し発表してもらいます。このグループワークを通して、データ・AIの活用領域の広がりを理解するとともに、身近なサービスにもデータ・AIが活用されていることを知ってもらいます。余力があれば、サービスの中で使われている技術や、そのサービスのビジネスモデルについても調査します。

・社会におけるデータ・AI利活用の教育例②：活用アイデア検討グループワーク

　「データ・AI利活用のための技術」で学んだ技術の活用アイデアについて、グループで検討してもらいます。事前に特定の業種や業務を対象としたケーススタディを用意しておき、各グループに振り分けます。グループごとにケースを読み込み、どの技術を適用すれば課題解決や新しいサービスの立案につながりそうかディスカッションします。最後に、グループでデータ・AIの活用アイデアをまとめ発表してもらいます。

7-1-2 ／ データリテラシー（基礎）

　データリテラシー（基礎）では、日常生活や仕事の場でデータ・AIを使いこなすための**基礎的素養**を身につけます。ここでは学生が大学・高専を卒業した後、研究やビジネスの現場でデータ・AIを活用する際に必要となるスキルを中心に学びます。研究やビジネスの現場では、データに基づき論理的に意思決定するこ

とが求められます。また、収集したデータを構造的に整理し、正しく説明することも必要とされます。これらのスキルは、実際に手を動かして体験しないと身につけることが難しいため、グループワークやマシン演習を通して習得します。

教育内容

データを読む

「データを読む」では、**データを適切に読み解く力**を養います。身の回りにあるデータを適切に読み解くためには、確率・統計に関する知識が必要です。私たちが日常生活の中で目にするデータの大部分は、誰かによって加工／集計されたデータです。ビジネスの現場においても、生データを直接扱うのは一部の専門家に限られ、大多数の社員は加工／集計されたデータを基に業務を進めています。この加工／集計されたデータは扱いやすい反面、データを適切に読み解く力がないと、間違った解釈を引き起こしてしまうことがあります。

データを適切に読み解くためには、どのように収集されたデータなのか、データを加工／集計する過程で情報が削られていないか、データの分布はどうなっているのかなどを確認しながらデータに向き合う必要があります。残念ながら、私たちが統計情報として目にするデータの中には、発表者にとって都合のよい情報だけを切り出したものや、誇張表現によって読み手を惑わせるものが数多く存在しています。確率・統計に関する知識を学ぶことで、このようなデータにだまされず、起きている事象の背景やデータの意味合いを正しく理解する力を身につけることができます。

データを説明する

「データを説明する」では、データを適切に説明する力を養います。研究やビジネスの現場では、データを読む力と同様に、**データを説明する力**も重要になります。日常生活の中でデータを説明する機会は多くないかもしれませんが、研究やビジネスの現場では頻繁にデータを説明することが求められます。データを適切に説明するためには、データの特性に合わせた**図表表現**を知るとともに、自ら手を動かして何度もデータを**可視化**するトレーニングを積む必要があります。

またデータを適切に説明するためには、**データの比較対象を正しく設定する力**を身につけなければなりません。データの比較対象が正しく設定されていないと、聞き手に間違った情報を伝えてしまう可能性があります。

データを比べる際は、**apple to apple**の比較となるように比較対象を設定します。apple to appleとは、同じ性質を持っているもの同士を比較することを指します。これに対し、異なる性質のものを比較することを**apple to orange**といいます。データを比較して説明する際は、apple to appleの比較となるよう注意が必要です。普段からデータを説明することに慣れていない人は、比較対象を正しく設定することができず、意図せずに間違った情報を伝えてしまうことがあります。

データを扱う

　「データを扱う」では、**データを扱うための力**を養います。研究やビジネスの現場では、数百〜数千件のデータを頻繁に扱います。数件〜数十件のデータであれば、1件ずつデータを見ることで内容を確認することができますが、数百〜数千件となると1件ずつデータを確認することが難しくなるため、データを加工／集計しデータの特徴を把握することになります。データの加工／集計には、表計算ソフト（Microsoft ExcelやGoogleスプレッドシート）がよく使われています。表計算ソフトを利用することによって、プログラミングスキルがなくても、データの集計や並び替え、簡単な計算を効率的に実施できるようになります。また、表計算ソフトの操作方法を学ぶことによって、小規模データ（数百〜数千件レベル）を加工／集計する力が身につきます。

教育方法

　「データリテラシー（基礎）」では、**座学**と**グループワーク**、**マシン演習**を組み合わせて講義を行います。まず、**社会での実例**（**実課題**と**実データ**）を交えながら**確率・統計**の基礎について講義します。ここでの実例は学生の身近に存在しているデータであることが望ましく、大学・高専の近隣エリアのデータや各大学・高専が得意とする専門領域を題材として、学生が興味を持って講義に臨めるようにします。

　次に、**データの特徴を読み解くグループワーク**や、**データを可視化するマシン演習**を実施し、学生の理解を深めます。表計算ソフトを使ったデータの加工／集計を実施する場合は、学生によってスキルレベルの差が生じやすいため**フォローアップのための講義（補講など）**を準備します。

　データリテラシーを教える際は、学生が自ら手を動かし体験することを重視します。学生は座学を聞いてわかったつもりになっていても、実際にデータを読み

解いたり、説明しようとしたりするとうまくできないことに気付きます。そのため、座学のみで終わるのではなくグループワークやマシン演習も組み合わせて講義する必要があります。

<教育例>

• データリテラシーの教育例①：データの特徴を読み解くグループワーク

　学生をいくつかのグループに分け、実データの読み解きにチャレンジしてもらいます。事前に特定の業種や業務を対象としたケーススタディを用意しておき、各グループに振り分けます。グループごとに与えられたデータの特徴を読み解き、分析・考察した結果を発表します。実際にデータを読み解くことによって、ドメイン知識の必要性や、母集団を意識することの重要性を理解します。

• データリテラシーの教育例②：データを可視化するマシン演習

　学生をいくつかのグループに分け、データの可視化にチャレンジしてもらいます。どのようにデータを表現すればわかりやすくなるのか、誤解を招くグラフを作っていないか、適切に比較対象を設定できているかなど、グループでディスカッションしながらデータを可視化します。最後に、データを可視化した結果を発表し、他のグループからコメントをもらいます。

7-1-3 ／ データ・AI利活用における留意事項（心得）

　データ・AI利活用における留意事項（心得）では、**データ・AIを利活用する際に求められるモラルや倫理**について学びます。また、これまでにあったセキュリティ事故の事例や対策を知ることによって、自分自身のデータを守る方法を理解します。データ駆動型社会の脅威（リスク）や留意事項を知ることによって、データ・AIを適切に利活用する心構えを身につけることができます。

教育内容

データ・AIを扱う上での留意事項

　「データ・AIを扱う上での留意事項」では、**データ・AIを利活用する上で知っておくべき留意事項**について学びます。近年、データ駆動型社会の進展とともに世界中でデータ・AIの活用が広がっています。データ・AIは社会を豊かにする

というよい側面を持つ一方で、これから社会全体で検討が必要な課題も多く生み出しています。

　内閣府からは、AIが社会に受け入れられるために留意すべき事項をまとめた「人間中心のAI社会原則」が発表されています。このAI社会原則では、①人間中心、②教育・リテラシー、③プライバシー確保、④セキュリティ確保、⑤公正競争確保、⑥公平性、説明責任および透明性、⑦イノベーションの7つについて、今後の社会における課題とステークホルダーが留意すべき原則が示されています。今後の社会において、データ・AIがどのような脅威（リスク）を引き起こす可能性があるのか知ることによって、データ・AIを利活用する際に求められる**モラル**や**倫理**について理解します。

データを守る上での留意事項

　「データを守る上での留意事項」では、**個人のデータを守る上で知っておくべき留意事項**について学びます。私たちは日常生活の中で、データ・AIを活用したさまざまなサービスを利用しています。そして、これらのサービスを便利に使うために、個人情報を登録したり、クラウド上に個人のデータをアップロードしたりしています。通常、これらのデータは暗号化され厳重に管理されているはずですが、悪意ある情報搾取や操作ミスなどによって、毎年どこかでセキュリティ事故が発生しています。サービス事業者がセキュリティ対策を行うのは当然のこととして、サービスを利用する私たちも情報セキュリティに対する意識を高め、自身の情報を守るという考え方が必要になります。これまでにあったセキュリティ事故の事例および対策を知ることによって、自分自身のデータを守る方法を理解します。

教育方法

　「データ・AI利活用における留意事項（心得）」では、**座学**と**グループワーク**を組み合わせて講義を行います。最初に、学生の身近で起こった**データ・AI活用における負の事例**を紹介することで、データ駆動型社会の脅威（リスク）を**自分ごと**として捉え、今社会で起きている変化が自分とは異なる遠い世界で起こっている話ではないと理解してもらいます。データ・AIが引き起こす課題を知った上で、自分たちの身の回りでどのような問題が起きそうかグループワークを通して検討してもらいます。

- データ・AI利活用における留意事項の教育例①：データ駆動型社会のリスク検討グループワーク

　学生をいくつかのグループに分け、データ・AIの活用が進むことによって自分たちの身の回りでどのような問題が起きそうか検討してもらいます。また、日常生活の中で自分たちが使っているサービスにおいて、特定の人に不利益が生じてしまう可能性がないかディスカッションし、対応策を検討してもらいます。余力があれば、そのサービスで生じた責任を誰が取るべきかも検討してみます。

- データ・AI利活用における留意事項の教育例②：セキュリティ事故研究グループワーク

　学生をいくつかのグループに分け、身近で起こったセキュリティ事故の事例を題材として、自分たちのデータを守るためには何に気を付けるべきか検討してもらいます。グループごとにセキュリティ事故の事例を調査し、どうすれば防ぐことができたのか、自分たちのデータを守るためにはどうすればよいのかディスカッションしてもらいます。余力があれば、セキュリティ事故が起こったことによる、その企業のビジネス影響（マイナス影響）を試算してみます。

7-1-4／オプション（選択）

　オプション（選択）では、データ・AIを活用するための基盤となるスキルを身につけます。このオプションの内容は、学生の学習歴や習熟度合いに応じて適宜選択することを想定しています。「統計および数理基礎」、「アルゴリズム基礎」、「データ構造とプログラミング基礎」では、データ・AI利活用を支える基本的な考え方について学びます。「時系列データ解析」、「テキスト解析」、「画像解析」では、時系列データ、文章（テキスト）データ、画像データの扱い方を学ぶことで、それぞれのデータを分析するスキルを身につけます。「データハンドリング」、「データ活用実践（教師あり学習）」、「データ活用実践（教師なし学習）」では、データ・AIを活用した一連のプロセスを体験し、データ・AI利活用の流れ（進め方）を理解します。

7-2 大学における応用基礎教育

『AI戦略 2019』の中では、文理を問わず、一定規模の大学・高専生（約25万人卒／年）が、自らの専門分野への数理・データサイエンス・AIの応用基礎力を習得することが目標として掲げられています。2021年3月に数理・データサイエンス教育強化拠点コンソーシアムから「**数理・データサイエンス・AI（応用基礎レベル）モデルカリキュラム**」が公開され、応用基礎教育の展開が始まりました。ここでは、自らの専門分野に数理・データサイエンス・AIを応用するための応用基礎教育について説明します。

▶ 数理・データサイエンス・AI（応用基礎レベル）モデルカリキュラム

3. AI基礎			
3-1. AIの歴史と応用分野（☆）			
3-2. AIと社会（☆）	3-3. 機械学習の基礎と展望（☆）		3-4. 深層学習の基礎と展望（☆）
3-5. 認識	3-6. 予測・判断	3-7. 言語・知識	3-8. 身体・運動
3-9. AIの構築と運用（☆）			

1. データサイエンス基礎		2. データエンジニアリング基礎	
1-1. データ駆動型社会とデータサイエンス（☆）		2-1. ビッグデータとデータエンジニアリング（☆）	
1-2. 分析設計（☆）	1-3. データ観察	2-2. データ表現（☆）	2-3. データ収集
1-4. データ分析	1-5. データ可視化	2-4. データベース	2-5. データ加工
1-6. 数学基礎（※）	1-7. アルゴリズム（※）	2-6. ITセキュリティ	2-7. プログラミング基礎（※）

（☆）コア学修項目
（※）数理・データサイエンス・AIを学ぶ上で基盤となる学修項目

出典：数理・データサイエンス教育強化拠点コンソーシアム『数理・データサイエンス・AI（応用基礎レベル）モデルカリキュラム～AI×データ活用の実践～』
http://www.mi.u-tokyo.ac.jp/consortium/pdf/model_ouyoukiso.pdf

▶ リテラシー教育と応用基礎教育

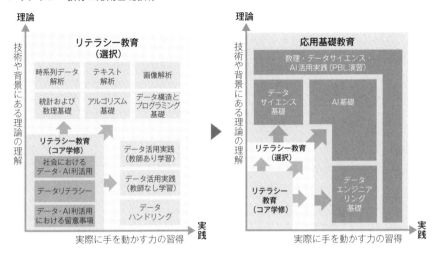

　リテラシー教育では、社会におけるデータ・AI利活用の現状および留意事項を知るとともに、データを適切に読み解くためのデータリテラシーを身につけることを目標としていました。これに対し応用基礎教育では、**自らの専門分野へ数理・データサイエンス・AIを応用する力**を習得するために、理論と実践の両方を強化します。数理・データサイエンス・AIを応用する上で、理論と実践は両輪の関係にあり、両方ともバランスよく習得することが求められます。リテラシー教育の「オプション（選択）」として、理論と実践を強化する内容も準備されていますが、応用基礎教育ではその内容をもう一歩押し進め、自らの専門分野で数理・データサイエンス・AIを応用するためのスキル／知識を習得します。

　応用基礎教育では、理論面を強化する「データサイエンス基礎」、実践面を強化する「データエンジニアリング基礎」、実世界での課題解決につなげるための「AI基礎」、そしてこれらのスキルを複合的に活用する「数理・データサイエンス・AI活用実践」を学びます。応用基礎教育を通して、データ・AI利活用のための技術や背景にある理論を理解するとともに、データ・AIを活用するための実行力を身につけます。

7-2-1／データサイエンス基礎

　応用基礎教育では、自らの専門分野へ数理・データサイエンス・AIを応用す

るために、**データ・AI利活用のための技術や背景にある理論**を学びます。データ・AI利活用の背景にある理論を理解するためには、ベースとなる知識として**確率統計**や**線形代数**、**微分積分**が必要です。特に線形代数のベクトルや行列は重要な概念なので重点的に学ぶ必要があります。

　研究やビジネスの現場では、仮説検証、知識発見、原因究明、計画策定、判断支援、活動代替などのシーンでデータの利活用が行われています。データを活用するためのスキル／知識は多岐にわたるため、自らの専門分野で求められるスキル／知識を中心に学びます。身につけるべきスキル／知識の詳細を知りたい場合は、一般社団法人データサイエンティスト協会が公開している「**データサイエンティスト スキルチェックリスト**」が参考になります。スキルチェックリストにおける「Assistant Data Scientist（見習いレベル）★」が、応用基礎レベルに対応します。

7-2-2 ／ データエンジニアリング基礎

　自らの専門分野へ数理・データサイエンス・AIを応用するためには、**大規模データを効率的にハンドリングするスキル**が必要になります。研究やビジネスの現場で扱うデータ量は年々増加しており、大量の構造化データや非構造化データを扱う機会も増えてきました。人の行動ログデータや機械の稼働ログデータは数GB（ギガバイト）〜数TB（テラバイト）の大規模データになります。また、インターネット上のECサイトやSNSサービスでは、数PB（ペタバイト）クラスのデータを処理することもあります。大規模データを扱うためには、効率的にデータを処理する方法を知っておかなければなりません。うまくコンピュータの性能を活かして、短時間で大規模データを処理するスキルを身につけます。

　また、**大量の文章データや画像データ、音声データ、動画データをハンドリングするスキル**も重要です。研究やビジネスの現場では、数値データ以外の非構造化データを活用する機会が増えています。非構造化データを活用するためには、それぞれのデータ特性に応じた処理方法を知っておく必要があります。非構造化データはTB〜PBクラスの大規模データになりやすいため、効率的に処理することが求められます。応用基礎教育では、自らの専門分野へ数理・データサイエンス・AIを応用するために、構造化データや非構造化データを処理するためのデータエンジニアリングに関するスキル／知識を学びます。

7-2-3 ／ AI基礎

　応用基礎教育では、AI技術を活用し課題解決につなげるために、AIの基本的な概念と手法、応用例を学びます。AIの歴史や活用領域の広がりを知るとともに、自らの専門分野にAIを応用する際に求められるモラルや倫理について理解します。また、人間の知的活動（学習、認識、予測・判断、知識・言語、身体・運動）とAI技術の関係性について学び、実世界で応用が進む機械学習、深層学習、強化学習の基本的な概念を理解します。

　現在、さまざまな企業や研究機関で、データ・AIを活用するための技術が研究／開発されています。データ・AIを活用するための技術は多岐にわたるため、自らの専門分野で求められるAI技術を中心に学びます。どのようなAI技術があるか概観するには、一般社団法人 人工知能学会が公開している「**AIマップβ 2.0（2020年6月版）**」が参考になります。

▶ 人工知能学会のAIマップβ 2.0（2020年6月版）

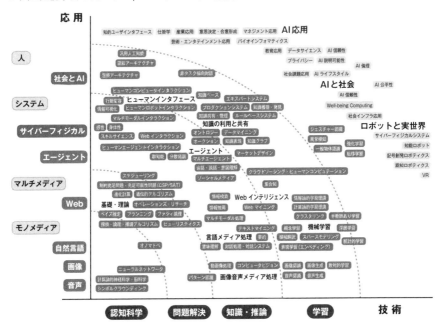

出典：人工知能学会『AIマップβ 2.0　AI研究初学者と異分野研究者・実務者のための課題と技術の俯瞰図』
https://www.ai-gakkai.or.jp/pdf/aimap/AIMap_JP_20200611.pdf

7-2-4 ／ 数理・データサイエンス・AI活用実践

　最後に、**社会での実例（実課題と実データ）を題材としたPBL演習**を通して、自らの専門分野へ数理・データサイエンス・AIを応用するための実行力を身につけます。PBL演習では、AI活用プロセスにおける企画フェーズから実証フェーズを体験することで、実社会における課題抽出方法や、数理・データサイエンス・AIを用いて課題解決につなげる方法を学びます。さらにAIの実装力を身につけたい場合は、PBL演習の後続として**簡易的なAI試作品（プロトタイプ）の開発**を行い、AI活用プロセスにおける導入フェーズを体験します。

　PBL演習は、90分×15コマを標準スケジュールとして実施します。最初にオリエンテーションを実施し、準備されたテーマ（お題）の説明を行った後、チームに分かれ、それぞれのテーマ（お題）に沿って課題定義、AI企画、AIモデル開発、AI導入の提案を体験します。データ・AIの活用に取り組んだことのない学生が多い場合は、PBL演習のスケジュールを短くして、データの見方をレクチャーするグループワークや、分析手法を習得するためのマシン演習の時間を確保します。また、複数のテーマを学生に体験させたい場合は、PBL演習を90分×8コマに短縮し、数多くのテーマ（お題）を経験できるようにします。

▶ PBL演習の講義パターン

PBL演習（標準）

　応用基礎教育として、課題定義、AI企画、AIモデル開発、AI導入の提案を体験します。90分×15コマを使って、数理・データサイエンス・AIを用いて課題解決につなげる方法を学びます。オリエンテーションに1コマ、AI企画に6コマ、AI実証に8コマを割り当てます。AI実証にはAIモデルの開発が含まれているため、時間をかけて丁寧に学生をサポートします。

教育＋PBL演習

　データ・AIの活用に取り組んだことのない学生が多い場合は、PBL演習の前にデータの見方をレクチャーするグループワーク（2コマ）と、分析手法を習得するためのマシン演習（3コマ）を挿入します。ただし、PBL演習として実施する内容は変更せず、90分×15コマに収まるように各回のタスクを調整します。

PBL演習（短縮版）

　学生に複数のテーマ（お題）を体験させたい場合は、90分×8コマに短縮したPBL演習を実施します。短縮版のPBL演習では、講義の中でAI企画書作成やAIモデル開発を行う時間を確保することが難しいため、宿題として持ち帰ってもらいます。学生は2単位（15コマ）であれば2テーマ、4単位（30コマ）であれば4テーマのPBL演習を経験できます。

第 7 章 ＜まとめ＞

　大学では『AI戦略 2019』に基づき、リテラシー教育（初級レベルの数理・データサイエンス・AIの習得）と応用基礎教育（自らの専門分野へ数理・データサイエンス・AIを応用する基礎の習得）が実施されています。これらの教育を通して、卒業後に研究やビジネスの現場で活躍するAI人材を育成します。

▶ 大学におけるリテラシー教育のコア学修項目＜教育例＞

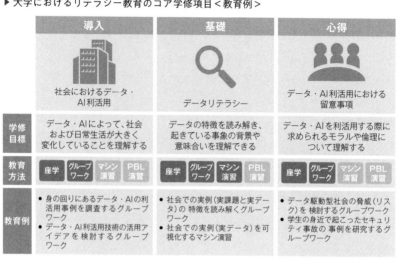

▶ 大学における応用基礎教育＜教育例＞

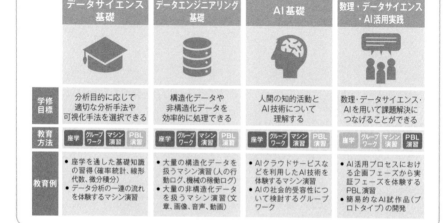

おわりに

　AI人材育成に関する書籍を執筆するというチャレンジングな取り組みは、同僚の本橋洋介さんからのお声がけでスタートしました。筆の遅さもあり、構想から出版まで1年以上かかってしまいましたが、上司としてサポートいただいた池田雅之さん、AI人材育成センターのみなさん、粘り強く待っていただいた翔泳社の長谷川和俊さんに感謝申し上げます。

　本書は多くの方々のご支援によって書き上げることができました。安宅和人さん、佐伯諭さんをはじめとするデータサイエンティスト協会スキル定義委員の皆さまとは、毎回、日付が変わりそうな時間まで熱い議論を交わすことによって、新しいチャレンジに取り組む勇気をもらいました。また、内閣府や文部科学省、経済産業省の方々と一緒にAI戦略の実行に取り組むことで、人材育成を通して日本をよくしたいという思いを強く持つようになりました。数理・データサイエンス教育強化拠点コンソーシアムやUTokyo MDSコンソーシアム、NSP交流会の方々には数多くの成長の機会をいただき厚く御礼申し上げます。

　本書がAI人材育成に取り組まれている方々の参考となり、日本の明るい未来を切り開く一助となれば本望です。

2021年6月

孝忠 大輔

参考文献

第1章：AI人材を取り巻く現状

- 『AI戦略 2019〜人・産業・地域・政府全てにAI〜』統合イノベーション戦略推進会議決定、2019年6月11日
  https://www.kantei.go.jp/jp/singi/ai_senryaku/pdf/aistratagy2019.pdf
- 『人間中心の AI 社会原則』統合イノベーション戦略推進会議決定、2018年3月29日
  https://www.cas.go.jp/jp/seisaku/jinkouchinou/pdf/aigensoku.pdf
- 『数理・データサイエンス・AI（リテラシーレベル）モデルカリキュラム〜データ思考の涵養〜』数理・データサイエンス教育強化拠点コンソーシアム、2020年4月
  http://www.mi.u-tokyo.ac.jp/consortium/pdf/model_literacy.pdf
- 『数理・データサイエンス・AI（応用基礎レベル）モデルカリキュラム〜AI×データ活用の実践〜』数理・データサイエンス教育強化拠点コンソーシアム、2021年3月
  http://www.mi.u-tokyo.ac.jp/consortium/pdf/model_ouyoukiso.pdf
- 『「数理・データサイエンス・AI教育プログラム認定制度（リテラシーレベル）」の創設について』数理・データサイエンス・AI教育プログラム認定制度検討会議、2020年3月
  https://www.kantei.go.jp/jp/singi/ai_senryaku/suuri_datascience_ai/pdf/ninteisousetu.pdf
- 『Society 5.0 − ともに創造する未来−』一般社団法人日本経済団体連合会、2018年11月13日
  https://www.keidanren.or.jp/policy/2018/095.html
- 『AI活用戦略〜AI-Readyな社会の実現に向けて〜』一般社団法人日本経済団体連合会、2019年2月19日
  http://www.keidanren.or.jp/policy/2019/013_honbun.pdf

第2章：AI人材と活用プロセス

- 『AI白書 2020〜広がるAI化格差（ギャップ）と5年先を見据えた企業戦略〜』独立行政法人情報処理推進機構（IPA）AI白書編集委員会編、2020年3月（株式会社角川アスキー総合研究所）
- 『平成30年度我が国におけるデータ駆動型社会に係る基盤整備（IT人材等育成支援のための調査分析事業）− IT人材需給に関する調査−調査報告書』みずほ情報総研株式会社、2019年3月
  https://www.meti.go.jp/policy/it_policy/jinzai/houkokusyo.pdf
- 『AI人材ワーキンググループ』特定非営利活動法人ITスキル研究フォーラム（iSRF）
  https://www.isrf.jp/home/forum/working/ai/index.asp
- 『データサイエンティストのためのスキルチェックリスト／タスクリスト概説』一般社団法人データサイエンティスト協会、独立行政法人情報処理推進機構（IPA）

https://www.ipa.go.jp/files/000083733.pdf

- 『ITSS +「データサイエンス領域」改訂版 2019』独立行政法人情報処理推進機構（IPA）
  https://www.ipa.go.jp/files/000063897.xlsx
- 『人工知能システムのプロジェクトがわかる本 − 企画・開発から運用・保守まで −』
  本橋洋介、2018 年 2 月（翔泳社）

第 3 章：AI 人材に求められるスキル、第 5 章：AI 人材の育成

- 『データサイエンティスト スキルチェックリスト ver3.01』一般社団法人データサ
  イエンティスト協会、2019 年 10 月
  https://www.datascientist.or.jp/common/docs/skillcheck_ver3.00.pdf

第 6 章：企業における AI 人材育成

- 『IT スキル標準 V3 2011』独立行政法人情報処理推進機構（IPA）
  https://www.ipa.go.jp/jinzai/itss/download_V3_2011.html
- 『CITP 認定情報技術者制度』一般社団法人情報処理学会
  https://www.ipsj.or.jp/citp.html
- 『DX レポート 〜 IT システム「2025 年の崖」克服と DX の本格的な展開〜』経済産業
  省 デジタルトランスフォーメーションに向けた研究会、平成 30 年 9 月 7 日
  https://www.meti.go.jp/shingikai/mono_info_service/digital_transformation/
  pdf/20180907_03.pdf

第 7 章：大学における AI 人材育成

- 『数理・データサイエンス・AI（リテラシーレベル）モデルカリキュラム 〜データ思
  考の涵養〜』数理・データサイエンス教育強化拠点コンソーシアム、2020 年 4 月
  http://www.mi.u-tokyo.ac.jp/consortium/pdf/model_literacy.pdf
- 『数理・データサイエンス・AI（応用基礎レベル）モデルカリキュラム 〜 AI ×デー
  タ活用の実践〜』数理・データサイエンス教育強化拠点コンソーシアム、2021 年 3 月
  http://www.mi.u-tokyo.ac.jp/consortium/pdf/model_ouyoukiso.pdf
- 『AI マップ β 2.0 AI 研究初学者と異分野研究者・実務者のための課題と技術の俯
  瞰図』一般社団法人 人工知能学会 AI マップタスクフォース
  https://www.ai-gakkai.or.jp/pdf/aimap/AIMap_JP_20200611.pdf

著者プロフィール

孝忠 大輔（こうちゅう・だいすけ）

2003年4月、NEC入社。流通・サービス業を中心に分析コンサルティングを
提供し、2016年、NECプロフェッショナル認定制度「シニアデータアナリスト」
の初代認定者となる。2018年、NEC グループのAI人材育成を統括するAI人
材育成センターのセンター長に就任し、AI人材の育成に取り組む。数理・デー
タサイエンス教育強化拠点コンソーシアムモデルカリキュラムの全国展開に関
する特別委員会の委員および数理・データサイエンス・AI教育プログラム認定
制度検討会議の構成員を務める。一般社団法人データサイエンティスト協会の
スキル定義委員としてデータサイエンティストスキルチェックリストやITSS+
データサイエンス領域タスクリストの作成に携わる。著書に『教養としてのデー
タサイエンス』（講談社・共著）がある。

● カバーデザイン ———————— 小口翔平＋後藤司（tobufune）
● 本文デザイン・DTP ———— BUCH＋

AI人材の育て方
先端IT人材の確保がビジネス成長のカギを握る

2021年6月21日　初版第1刷発行
2021年7月30日　初版第2刷発行

著　　　者　　孝忠 大輔
発　行　人　　佐々木 幹夫
発　行　所　　株式会社 翔泳社（https://www.shoeisha.co.jp）
印刷・製本　　大日本印刷 株式会社

ISBN978-4-7981-6532-5　　　　　　　　　Printed in Japan